EL MURO DE BERLÍN

La frontera a través de una ciudad

Thomas Flemming
Documentación del Archivo del Muro de Berlín: Hagen Koch

be.bra verlag
berlin.brandenburg

CIP-Kurztitelaufnahme
der Deutschen Bibliothek
El Muro de Berlín :
La frontera a través de una ciudad/
Thomas Flemming; Hagen Koch. –
Übers. : Laura Muñoz-Alonso
Berlín : be.bra-Verl., 2001
Dt. Ausg. u.d.T. : Die Berliner Mauer
Engl. Ausg. u.d.T. : The Berlin wall
Franz. Ausg. u.d.T. : Le mur de Berlin
Ital. Ausg. u.d.T. : Il muro di Berlino
ISBN 3-930863-96-0

KulturBrauerei Haus S,
Schönhauser Allee 37, 10435 Berlín
www.bebraverlag.de
info@bebraverlag.de
Lectora: Gabriele Dietz, Berlín
Redactor gráfico: Gabriele Dietz/Th. Flemming
Traducción: Laura Muñoz-Alonso
Tipografía y portada:
Iris Farnschläder, Hamburg
(Foto de portada Klaus Lehnartz)
Layout: Uta Ohrt-Hansen, Hamburg
Letra: Excelsior 9pt y Folio
Mapa del recorrido del muro:
Ditta Ahmadi/Peter Palm, Berlín
Litografía: Bildpunkt, Berlín
Impresión y encuadernación:
Friedrich Pustet, Regensburg
ISBN 3-930863-96-0

Agradecemos por el permiso de reproducción:
Basis Druck Berlín por la cita de: »Halt! Grenzgebiet! Leben im Schatten der Mauer« Von Thomas Scholze y Falk Blask;
Brandenburgisches Verlagshaus por pasajes de »Ausgegrenzt. Der Fall der DDR-Grenztruppen« de Volker Koop;
A Ch. Links Verlag por pasajes de »Geistebahnhöfe« de Christoph Links, Heinz Knobloch y Thomas Wenzel; por »Chronik des Mauerfalls« de Hans-Hermann Hertle;
S. Fischer Verlag por pasajes de »Vierzig Jahre« von Günter de Bruyn;
Klaus Schlesinger por un pasaje de su libro »Am Ende der Kindheit«.

Este libro se basa en un ejemplar más completo de Th. Flemming/H. Koch, » Die Berliner Mauer – Geschichte eines politischen Bauwerks«
ISBN 3-930863-48-0
be.bra verlag, Berlín 1999

Índice

UN MURO A LO LARGO DE BERLÍN

Se cierra la frontera

A la 1:11 horas, la radio de Alemania del Este interrumpió la emisión de su programa »Melodías de noche« para retransmitir una noticia especial:
»Los gobiernos de los estados miembros del Tratado de Varsovia se dirigen a la Cámara Popular y al gobierno de la RDA con la propuesta de establecer un orden tal, que obstruya el camino a las intrigas en contra de los países socialistas y que garantice una vigilancia segura en toda la zona del Berlín Oeste.«

Esta complicada declaración, tenía un significado muy claro: obstruir el paso al Berlín Oeste. Pero ¿quién oye en el oeste la radio del SED(Partido Socialista Unificado)?

El 13 de agosto de 1961 caía en domingo.

En La Puerta de Brandenburgo se apagaron de repente a la 1:05 horas las luces. La Policía Fronteriza armada y miembros de los Grupos de Lucha se desplazaron y se colocaron en las líneas de demarcación del interior de la ciudad. A la luz de los faros de los coches militares arrancaron los adoquines del suelo y levantaron alambradas. En otras zonas de Berlín se repetía la misma escena: Policía Fronteriza, tanques, alambradas, postes de hormigón.

El oeste todavía no intuía en este momento el dramático desarrollo que se produciría en los sectores fronterizos. En Tempelhofer Damm, centro de la policía del Berlín Oeste, el comisario general Hermann Beck se incorporaba para realizar su servicio de rutina.

Alrededor de las 2:00 horas recibió un comunicado que no supo interpretar. Irritado anotó en el protocolo: »13. 8. 1961, 1:54 horas. El Puesto de Policía de Spandau comunica que el tren aéreo de Staaken a Berlín ha sido devuelto a la zona soviética. Los pasajeros tuvieron que apearse y se les

13 de agosto de 1961: una barrera de miembros de los grupos de lucha delante de La Puerta de Brandenburgo.

devolvió el dinero del billete.« Un minuto más tarde llegó otra llamada de Wedding: »1:55 horas detenida en ambas direcciones la línea del tren aéreo en la estación Gesundbrunnen.« Y así una estación detrás de la otra, también Schönholz, Wannsee, Stahnsdorf, informaron del corte en la circulación de las líneas del tren.

Los comunicados que a las 2:20 horas siguieron eran cada vez más amenazadores: »15 camiones militares con policías en la calle Oberbaumbrücke.« »Carros blindados de reconocimiento en la calle Sonnenallee.« »En La Puerta de Brandenburgo cientos de policías armados con pistolas automáticas.« Beck casi tuvo un ataque de pánico. ¿Se trata del siempre temido ataque al Berlín Oeste? ¿Ha llegado la hora de abrir el sobre sellado y depositado en la caja fuerte que contiene el plan a seguir para defender el Berlín Oeste y, que provocaría en pocos minutos, el estado de alarma en las capitales del oeste? Durante un cuarto de hora dudaron Beck y sus superiores en tomar una decisión que tendría importantes consecuencias, y cuando oyeron a las 2:45 horas que en los informes telefónicos se hablaba sobre »concentración de tropas« y »bloqueos« y no de »avanzar al territorio del Berlín Oeste« decidieron de momento no »dar la alarma« (alarma E1).

Esa noche se despertó a los 13 000 policías del Berlín Oeste. Un capitán de policía recuerda sobre estos trágicos momentos en La Puerta de Brandenburgo: »Al principio pensamos que nos derribarían y marcharían hacia el Berlín Oeste, pero se quedaron exactamente delante de la frontera del sector.«[1]

Se trataba de una acción del Estado Mayor, pensada y dirigida por un funcionario del SED (Partido Socialista Unificado) casi desconocido en el Oeste, Erich Honecker, secretario del Consejo Nacional de Defensa de 49 años de edad, que manejaba desde el centro de la Jefatura Superior de Policía en la Alexanderplatz todos los hilos, desde allí ordenaba a la comandancia por teléfono y a través de mensajeros recibía informes sobre el desarrollo de la situación. En el bloqueo del Berlín Oeste participaron esa noche unas 10 500 fuerzas de la Policía Popular, la Policía Fronteriza y miembros de los Grupos de Lucha, a las que se unieron

Los tanques de la Policía Popular están preparados en La Puerta de Brandenburgo.

cientos de colaboradores del Stasi, las divisiones de defensa motorizadas de la NVA (juntos unos 8 000 hombres) que además tenían la orden de acercarse formando »una segunda barrera de seguridad« solamente a 1 000 metros de la frontera.

Todo transcurre según lo planeado . De los 81 puestos de paso existentes solamente quedaban 12 abiertos, el resto han sido cerrados con alambradas. Se ha interrumpido la línea del tren suburbano entre las dos zonas de la ciudad y los alrededores. El 23 de agosto se reducen a siete los puestos de paso de la frontera: Friedrichstraße, Bornholmer Straße, Chausseestraße, Invalidenstraße, Heinrich-Heine-Straße, Oberbaumbrücke, Sonnenallee y Friedrichstraße/Zimmerstraße (Checkpoint Charlie).

Walter Ulbricht (Presidente del Consejo de Estado de la RDA) había alcanzado su meta política. Había cerrado los caminos fronterizos existentes con los sectores de Berlín, por los que en los último años se habían escapado al oeste más de 1,6 millones de ciudadanos de la RDA (República Democrática Alemana). Al jefe del SED, le había costado algún trabajo convencer durante los últimos días y meses al jefe del partido soviético Chruschtschow y a los otros dirigentes del bloque del este, de que solamente el cierre del paso al Berlín Oeste pararía la avalancha de refugiados que dejaría »exangüe« a la RDA.

El 12 de agosto de 1961 a las 16:00 horas firmaba Ulbricht las órdenes pertinentes. La operación siguió su camino.

El Ministro de Defensa Heinz Hoffmann, ordenó el 12 de agosto que en la operación tomara parte la comandancia de la NVA, hasta entonces desconocedora del asunto. A las 20:00 horas recibieron la orden: »Apoyar a las fuerzas armadas de Ministerio del Interior en el bloqueo de los sectores fronterizos y en el de los alrededores del Berlín Oeste. Las tropas de la Armada Nacional Popular crearán, en los puntos ordenados junto con las fuerzas de la primera y octava MSD (División de Defensa Motorizada) una segunda barrera de seguridad de unos 1 000 metros delante de la frontera.«[2]

Las tropas soviéticas en Berlín estaban en estado de alarma roja, aunque no debían manifestarlo mientras sea posible, durante toda la operación.

Ulbricht y Honecker ignoraron mientras realizaron los preparativos para el bloqueo de la frontera, a casi todos los miembros dirigentes del partido y del estado. Ni siquiera los dirigentes del llamado Blockpartei conocían el plan cuando el 12 de agosto llegaron invitados a comer a la residencia de verano de Ulbricht en Groß-Dölln a 75 km al norte de Berlín. A las 22:00 horas se les informó a los invitados de que el cierre de los sectores fronterizos al Berlín Oeste era inminente.

Era una noche calurosa de agosto después de un sábado sofocante. A las 2:30 horas Allan Lightner, delegado mayor del gobierno norteamericano en Berlín, recibió por teléfono la información de que los sectores fronterizos habían sido cerrados y, se volvió a acostar. Le debían despertar tan pronto como se produjeran cambios. El miembro de la CIA John Kenney, se enteró por la emisora de radio Rias de que la frontera estaba cerrada, y cuando un poco más tarde entró en la centra general de la CIA en el barrio berlinés de Dahlem, esperó encontrarse con un gran alboroto, pero en todo el edificio reinaba la calma, ninguna señal de alarma.

Mientras tanto los oficiales en servicio habían recibido la orden de »darse una vuelta« por Berlín y Richard Smyser, miembro de la Misión Americana, llegaba a la Potsdamer Platz a las 3:30 horas.

Les pide información a los policías fronterizos apostados allí sobre lo ocurrido y

Geheime Verschlußsache

den 12.8.1961
Ho/Ke.

Kandidat des Politbüros
des ZK der SED
Genosse Gerhard G r ü n e b e r g

Geheime Kommandosache
~~27~~ (persönlich!) 27

P o t s d a m

Nr. 24/61
2 Exemplare je 1 Blatt
2. Exemplar 1 Blatt
-221

Werter Genosse Grüneberg!

Ich bitte Dich, entsprechend der getroffenen Vereinbarungen am 13. August 1961, ab 01.30 Uhr die erforderlichen Maßnahmen zu veranlassen. Die Dir bekannten Dokumente werde ich Dir im Verlaufe der Nacht übermitteln. Den in der Anlage beigefügten Befehl an den Vorsitzenden der Einsatzleitung Potsdam, Genossen S e i b t , bitte ich um 01.30 Uhr zu übergeben. Desweiteren füge ich diesem Schreiben die Entwürfe für die Alarmbefehle an die Einsatzleitungen der Kreise Oranienburg, Nauen, Potsdam, Zossen und Königswusterhausen bei sowie den Entwurf einer Bekanntmachung des Rates des Bezirkes Potsdam.

Mit sozialistischem Gruß

E. Honecker

Anlagen

Ha llegado la hora. El 12 de agosto de 1961 Honecker ordena que comience la cadena de órdenes que llevarán a cerrar la frontera.

permiso de paso y, efectivamente, después de intercambiar algunas palabras, retiran la alambrada para que Smyser pueda entrar en su coche. Durante el crepúsculo vio en las calles del Berlín Este los coche militares, los tanques blindados y los camiones cargados con alambradas de pinchos y postes de hormigón, pero ni un solo tanque soviético.

Las primeras noticias llegaron de Berlín a Washington a las 5:00 hora europea (cerca de la media noche). El primero en ser informado fue John Ausland, miembro del departamento encargado de Berlín en el Ministerio de Asuntos Exteriores. Escuchó el comunicado telefónico y se volvió a la cama. Cuatro horas más tarde recibió un telegrama de la CIA procedente de Berlín con el código estipulado para informar inmediatamente al presidente, se apresuró al Departamento de Estado y comenzó a buscar nervioso en los informes las órdenes con los planes a seguir, al cabo de mucho tiempo encontró finalmente una carpeta con la etiqueta »Border closure« (cierre de la frontera) , pero estaba vacía.

Se informó al presidente americano Kennedy a bordo de su yate en Hyannis Port a las 12:30 hora local, al principio se disgustó, y luego se calmó rápidamente al enterarse de los acontecimientos ocurridos en Berlín. Junto con el Ministro de Exteriores Dean Rusk preparan una declaración para la prensa: »Ahora voy a navegar. Váyanse ustedes a su partido de bésibol.« En la declaración de prensa oficial se expresa: »El bloqueo del Berlín Oeste representa una derrota del sistema comunista reconocida por el resto del mundo. El régimen-Ulbricht de la Alemania del Este es el responsable ante el mundo entero del encierro inhumano de sus propios ciudadanos.« En círculos confidenciales Kennedy no mantiene en secreto su alivio sobre el rumbo que habían tomado los acontecimientos. »Chruschtschow si hubiera querido en serio el Berlín Oeste, no habría construído un muro. Si ocupa la ciudad entera, entonces no necesita un muro. ... No es una solución demasiado cómoda pero, demonios, siempre mejor que una guerra.«[3] Además respetaba los »tres Essentials« (puntos esenciales) de la política americana en Berlín: 1. La presencia de los aliados en el Berlín Oeste. 2. El acceso libre. 3. El derecho de autodeterminación de los berlineses del oeste. Washington no consideraba necesario una actuación enérgica.

Willy Brandt , alcalde en funciones, no se encontraba en ese momento en la ciudad, viajaba en un tren electoral especial de Nurenberg a Hannover. Brandt era el candidato a canciller del SPD (Partido Social Demócrata) en las elecciones de septiembre de 1961. A las 4:30 horas le despertó Heinrich Albertz, jefe de la Secretaría del Senado y Brandt volvió a Berlín en el primer avión: »En el aeropuerto de Tempelhof me recibieron Albertz y el jefe de policía Stumm. Fuimos a la Potsdamer Platz y a La Puerta de Brandenburgo y nos encontramos siempre con el mismo panorama: obras, impedimentos, postes de hormigón, alambradas, militares de la RDA. En el Ayuntamiento de Schöneberg recibí el comunicado de que los tanques soviéticos estaban alerta alrededor de la ciudad y que Walter Ulbricht ya había felicitado a las unidades encargadas de construir el muro ... «[4]

Esa misma mañana Brandt se dirigió a los comandantes del oeste en el barrio de Dahlem. Les preguntó sobre lo que tenían pensado hacer los aliados, como respuesta recibió solamente silencio. Cada vez más excitado, el alcalde en funciones por lo menos exige que se proteste severamente en Moscú y añadió: »¡Por lo menos envíen inmediatamente patrullas a los sectores fronterizos para evitar el sentimiento de inseguridad y demostrarle a los berlineses del oeste que no corren peligro!« Lo que al menos hicieron, pero no tomaron otras

17. August 1961 Berliner Zeitung Seite 3

Mittwoch, 16. August 1961 · 15 Pf

Bild Zeitung

Unabhängig · Überparteilich

Berliner illustrierte Nachtausgabe

Der Osten handelt – was tut der Westen?

...denn Zigarren raucht der Mann

Der Westen tut NICHTS!

Enttäuscht

Der Osten hat gehandelt. Der Osten handelt noch.

US-Präsident Kennedy schweigt...

Macmillan geht auf die Jagd...

...und Adenauer schimpft auf Brandt

Lesen Sie die Berichte auf den Seiten 2, 3, 4 und

„BZ"-Kommentar

Die Kriegstreiber isolieren sich

„Enttäuscht. – Der Osten hat gehandelt. Der Osten handelt noch." So beginnt das Massenblatt des Springer-Konzerns sein Klagelied. „Wir sind enttäuscht." So endet es an dieser Stelle jener Seite 1.

Enttäuscht und ungeheuer wütend zugleich sind die Kriegstreiber. Worüber? Darüber, daß ihr Westberlin-Programm gescheitert ist. Der „politische Lebenszweck" Westberlins sei verlorengegangen, schreibt die bürgerliche „Stuttgarter Zeitung" völlig einleuchtend.

Dieser „Lebenszweck", der nichts – aber auch gar nichts – mit den Interessen der friedlichen Westberliner zu tun hatte, bestand darin, Störzentrum gegen die DDR, gegen das ganze sozialistische Lager zu sein. Das haben Brandt und Konsorten oft genug deutlich gesagt. Das wollten sie in diesen Wochen auf die Spitze treiben.

Nun ist es aus mit der Menschenfängerei, mit dem Kinderraub, mit der Vergiftung unserer Jugend in den Grenzkinos, mit der 1:4-Korruption und was noch alles zum Frontstadt-Lebenszweck gehörte. Die DDR hat auf Empfehlung ihrer Partner des Warschauer Vertrages das Störzentrum dicht gemacht. Klappe zu – Affe dot, so sagt der Berliner. Herr Brandt, Sie sind damit gemeint!

Und was sich Herr Brandt als Antwort auf unsere Schutzmaßnahmen wünscht, den Gipfel der Scharfmacherei nämlich, das kommt nicht zustande. Es kommt nicht zustande, weil die Berechtigung unserer Vorkehrungen bei allen klardenkenden Politikern im Ausland erkannt worden ist; weil die Stärke des sozialistischen Lagers, das hinter unseren Maßnahmen steht, offenbar erkannt wird.

Und Brandts Scharfmacher-Forderungen verhallen, weil kein Engländer, kein Franzose und Italiener, kein Amerikaner oder Kanadier für eine Handvoll Westberliner Militaristen die Kastanien aus dem Feuer holen will. Millionen Menschen aus allen Klassen und Schichten auch der imperialistischen Staaten, vor allem aber die Arbeiterklasse dort, verstehen und billigen unser Vorgehen gegen die Friedensstörer.

Sehen Sie sich die drei Köpfe an, die „Bild" zeigt, und die fetten Zeilen dazu – dann können Sie sich denken, wie die Kriegstreiber enttäuscht sind und warum. Sogar von denen, die sie (fälschlich oder zu recht) für die eigenen Leute halten, isoliert zu sein, ist eine harte Nuß. Wohl darum hat „Bild" um seine Seite einen Stacheldraht montiert. Der paßt ganz gut ...

Maßlos enttäuscht schließlich sind jene Scharfmacher, weil die große Mehrheit unserer Bevölkerung hinter der Partei der Arbeiterklasse, hinter der Regierung der Deutschen Demokratischen Republik und ihren Maßnahmen steht, ja sie aktiv unterstützt.

Bleibt noch zu sagen: Eine solche Enttäuschung für die Militaristen ist uns ein Hochgenuß. Das Zeitalter des Sozialismus ist seit vielen Jahrzehnten voll von dergleichen Enttäuschungen und Schlägen gegen die imperialistischen Scharfmacher. Daß sie sich hiermit nicht abfinden wollen, ist ihre Sache. Daß sie sich damit abfinden müssen und immer neue Enttäuschungen erleben, ist unsere Sache.

Dr. A.

Liebe Leser DER Berliner Zeitung

Wir erlauben uns, Ihnen hier in Originalgröße die gestrige Seite 1 der „Bild"-Zeitung zu präsentieren. Sie erscheint in Hamburg und Westberlin,

Platzverschwendung – werden Sie vielleicht sagen. Nun ja, wir haben einige Manuskripte zurückgestellt, die uns sehr am Herzen liegen.

Beispielsweise aus der Fülle der Zustimmungserklärungen, der Berichte von guten Taten, mit denen die Werktätigen unserer Republik auf die Schutzmaßnahmen ihrer Regierung antworten.

Diese Dokumente eines weiteren Schrittes in die neue Zeit, der Schritte zu einem sauberen Berlin, des Wachstums unserer Menschen haben wir sehr ungern zurückgestellt.

Aber wir meinen, daß diese Seite 1 aus „Bild" für manche unserer Bürger, die noch nicht ganz mit der Zeit gewachsen sind, interessant sein könnte.

Besonders denken wir an einige Grenzgänger, die bisher dergleichen Zeitungen zu lesen und sogar mitzubringen pflegten. Diese Bürger unseres Staates haben nun keine Gelegenheit mehr dazu. Wir verschaffen sie Ihnen heute.

Es könnte nämlich sein, daß diese Bürger zur Zeit noch geneigt sind, „ihrer" bisherigen Zeitung mehr Glauben zu schenken als unseren Argumenten. Mögen sie also lesen, wie „Bild" die Lage einschätzt.

Da unsere alten Leser eine Bemerkung zu dieser nicht alltäglichen Seite 1 eines Westblättchens erwarten dürften und unsere neuen Leser vielleicht das Bedürfnis haben, nun umzudenken, empfehlen wir den gegenüberstehenden BZ-Kommentar.

Triunfante el periódico del este »Berliner Zeitung« enfatiza en la portada la pasividad del oeste.

iniciativas y esperaban las instrucciones de sus capitales correspondientes.

En el Berlín Oeste se extiende rápidamente el sentimiento de haber sido abandonado a su suerte. »El oeste no hace nada« aparece en la portada del periódico »Bild-Zeitung« el 16 de agosto y refleja el sentimiento de la mitad de una ciudad. En esta situación Brandt decidió dar un paso poco común: Envió directamente – sin informar a la comandancia de los americanos – al presidente de los Estados Unidos Kennedy un comunicado en el que, sin diplomacia y directamente, el alcalde en funciones le exigió que tomara medidas: »1. La pasividad y una mera posición defensiva pueden provocar una crisis de desconfianza entre las potencias del oeste. 2. La pasividad y la mera posición defensiva pueden llevar a que aumente la confianza del régimen del Berlín Este ...«

Por la tarde del 16 de agosto unos 300 000 berlineses del Oeste se manifestaban ante el Ayuntamiento de Schöneberg. La población estaba excitada, en las pancartas se podía leer: »Necesitamos protección. ¿Donde están las potencias protectoras?« – »Ya está bien de protestar. Hay que actuar« – »El oeste nos ha engañado«. A Brandt le esperaba una tarea muy difícil. Por una parte tenía que respetar los sentimientos de las personas y por otra impedir que la situación escalara peligrosamente y se produjeran acciones impulsivas en las zonas bloqueadas. En su discurso encuentra el tono adecuado: »La Unión Soviética ha soltado un poco de cuerda de la correa de su perro Ulbrich, y le ha permitido que sus tropas avancen por el sector oeste de esta ciudad .... Las protestas de las tres comandancias del oeste han sido correctas, pero no pueden limitarse solamente en eso.« A los responsables y a los militares de la RDA les dirigió una apelación urgente: »¡No dejéis que os hagan mezquinos! ¡Mostrad humanidad siempre que sea posible y, sobre todo, no disparéis en contra de vuestra propia gente! ... Esta ciudad de Berlín desea la paz, pero no capitula.«

Mientras tanto a Washington llegaban informes alarmantes desde el Berlín Oeste.

Manifestación de protesta con Willy Brandt el 16 de agosto de 1961 delante del ayuntamiento de Schöneberg.

Un miembro del Departamento de Estado telegrafió: »existe el peligro de que se eche a perder fácilmente eso que se llama esperanza.«[5] Ante esta situación Kennedy se decidió por dos acciones simbólicas. Envió a 1 500 soldados americanos por la carretera de Helmstedt a Berlín para reforzar la guarnición americana, y que fueron recibidos fogosamente por la población. Y mandó a su vicepresidente, Lyndon B. Johnson a la ciudad bloqueada. Cuando Johnson llegó el 19 de agosto al aeropuerto de Tempelhof se asombró del triunfal recibimiento que recibió. Cientos de miles de personas escoltaban las calles a su paso por los sectores de oeste.

La situación en el Berlín Este

Mientras que las imágenes de rabia y de protesta de los berlineses del oeste daban la vuelta al mundo, de la situación en el sector oeste no llega nada al exterior. »Los tranvías circulaban, pasaban camiones militares verdes con soldados de semblante de acero«, así describe el escritor Klaus Schlesinger la situación del 13 de agosto: »Por todas partes la misma imagen, barreras, grupos de lucha armados y a ambos lados personas. Yo ... instintivamente caminé por las calles cercanas a la frontera ... por todas partes había gente delante de las fachadas desmoronadas de los edificios, que sacuden la cabeza y mueven los brazos con fuerza. En una esquina las mujeres miraban hacia el otro lado. Una gritó: A la familia de primer grado se le permite siempre, a los de segundo grado solamente con permiso especial.«[6]

La prensa de la RDA no imprime más que declaraciones de victoria y solidaridad. El periódico »Neue Deutschland« del 14 de agosto informa: »¡Ya podemos respirar, ay de aquél que sea atrevido!« Y cita a los »constructores de la RDA y de su capital Berlín.« Hoy en día gracias al acceso a informes secretos del círculo directivo del SED, se puede echar un vistazo al verdadero estado de ánimo entre la población del Berlín Este inmediatamente después del cierre de la frontera. Estos »boletines

Ampliación de la línea fronteriza. Construcción de las instalaciones fronterizas en el Checkpoint Charlie en noviembre de 1961.

informativos«[7] muestran sin tapujos las reacciones de los habitantes en los distintos barrios de Berlín. Con rapidez le llegan a Ulbricht y a la los líderes del SED los informes con las declaraciones, ya analizadas de lo que muchas personas en el Berlín Este pensaban del »muro de protección antifascista«.

Se informa de la Wollankstraße en el barrio de Pankow, a las 10:30 horas de la mañana del 13 de agosto: »Así gritaba una mujer: ›Vayamos al centro de la calle y hagamos un agujero. Todos somos alemanes y queremos pasar al otro lado, a donde están nuestros hermanos.‹ Otros jóvenes chillaban: ›Es una vergüenza que os prestéis a vigilar la frontera y no dejéis pasar al otro lado. Vosotros no sois alemanes.‹«

En un informe también del 13 de agosto en Weißensee los ánimos están más calmados: »Aunque hay gran cantidad de declaraciones públicas de apoyo, en comparación, son solamente esporádicas.« »Se expresan gran cantidad de declaraciones negativas con esencialmente el siguiente contenido: – provocamos una división más intensa, – limitamos la libertad , – esto no es una democracia, en varias conversaciones vuelve a aflorar el miedo a una guerra.«

En muchos lugares el régimen reacciona con dureza ante las primeras muestras de crítica: »En la estación de Schönhauser Allee se detuvo a un provocador que realizó entre otras declaraciones: »Aquí no hay democracia, y ya encontrará un agujero por el que pasar al otro lado.«

»En la línea del tranvía 69 E, cerca del parque Tierpark, un conductor del servicio de transportes nos provocó diciendo: ›¡pues si que tienen que tener miedo, hay 300 tanques de combate preparados y han soldado los raíles!‹. Cuando se le encaró un camarada, suplicaba plátanos para sus hijos etc ... Al camarada se le indicó como en el futuro había que actuar ante tales provocaciones.«

Tal y como muestran los »boletines informativos« hay muchas formas diferentes de protesta: »En PKB Kohle se detuvo a un miembro de los Grupos de Lucha por expresar declaraciones provocativas en contra del partido del gobierno y negarse a obedecer. En algunos puntos hubieron ›eventualidades‹ en pausas de trabajo, en especial cuando el sindicato DGB (unión de sindi-

Noviembre de 1961: En la Potsdamer Platz se refuerza la frontera con redes de camuflaje y bloqueos para tanques.

catos alemanes) del Berlín Oeste convocó una huelga de protesta. Por ejemplo en VEB Central térmica de calefacción se cambiaron las correas de una máquina de tal manera que la máquina se cayó. También en la central lechera VEB se arregló a las 11:00 horas una máquina y con ello se consiguió … que no se trabajara. En un muro del OWL, en el barrio de Treptow se realizó una pintada a mediodía del 15 de agosto: ›Ahora tenemos la prisión en Berlín.‹ Todavía no se han encontrado a los responsables.«

El SED envió a la calle en estos días críticos a varias docenas de »agitadores« para que se inmiscuyeran en las discusiones y disolvieran grandes concentraciones de gente. No era fácil.

Esporádicamente se producía desobediencia pública. »El camarada Danis de la Brigada Drolshagen, se ha negado a construir el muro en los sectores fronterizos. Se le aisló inmediatamente del resto de la brigada, sus documentos (carné del partido) … se le confiscaron mas tarde.«

También los policías y los soldados de los Puestos Fronterizos protestaban públicamente y desobedecían las órdenes . Así el 15 de agosto un oficial de la Policía Popular no se presentó al servicio. »Y aunque se le recordó que su actitud era políticamente incorrecta, reaccionó devolviendo el carné del partido y la hoja de servicio. Se iniciaron las medidas pertinentes.« De la lista configurada para Ulbricht con las personas que ofrecieron resistencia, se detuvieron a finales de agosto por protestar contra la construcción del muro solamente en Berlín a 2 192 personas, 691 fueron encarceladas durante mucho tiempo. Gracias a la actuación de la policía y el Stasi (Servicio de Seguridad Interior) consiguieron los dirigentes del SED acallar las protestas, por lo menos hasta octubre de 1661.

Tiros en contra de los que huyen

Después del cierre de la frontera, muchos berlineses del este y ciudadanos de la RDA sintieron pánico. »Ahora o nunca« pensaron e intentaron huir espontáneamente. Después del 13 de agosto, en los siguientes días y semanas se produjo una carrera macabra entre los que huían y las Tropas Fronterizas que intentaban que las alambradas fueran cada vez más difíciles de pasar. Los que quería huir saltaban las alambradas, se arrastraban por debajo de las barreras de separación, rompían con un coche a toda velocidad la frontera, o cruzaban a nado el río Spree y el canal de Teltow. De esta manera consiguieron más de 600 personas, entre ellas familias enteras y niños, huir al Berlín Oeste.

Espectaculares son las huidas en la Bernauer Straße en donde la fachada de varios edificios de viviendas creaban la frontera. Ante la mirada de berlineses del oeste congregados allí, berlineses del este utilizaron estas casas para huir, saltando por la ventana, deslizándose por una cuerda o arrojándose para caer en las lonas de los bomberos del Berlín Oeste. Pero las situaciones dramáticas se repiten, como por ejemplo el 24 de septiembre de 1961 cuando miembros del Stasi y la Policía Popular intentaron tirar violentamente de una mujer de 77 años que había trepado por la fachada del edificio para huir. El 22 de agosto de 1961, Ida Siekmann de 59 años de edad saltó del tercer piso en la Bernauer Straße pero no cayó en el colchón preparado para frenar su caída y murió a causa de las heridas sufridas. Un hombre de 57 años sufrió tales heridas al intentar deslizarse por una cuerda que murió el 17 de septiembre de 1961. Estas son las primeras víctimas del Muro de Berlín.

Como consecuencia, la Policía Popular ordenó a los 2 000 habitantes de la Bernauer Straße que abandonaran sus casas en cuatro dias. Se tapiaron los portales y las ventanas de las casas. Los dirigentes del SED exigieron a todos los habitantes de la Bernauer Straße, la Luckauer y la Linsenstraße que se mudaran. »Si no, nunca reinaría en esta zona la tranquilidad.«

El 15 de agosto, varios periodistas en la Bernauer Straße fueron testigos de una huida espectacular: uno de los policías fronterizos mostraba un comportamiento extraño. Varias veces se acercaba a la alambrada, la sacudía con los pies y la movía con las manos, después de unos momentos todo ocurre a la velocidad del rayo, tomó impulso y saltó por encima de la alambrada. En el salto pierde su pistola y desaparece en un camión de la policía del oeste. La foto de Conrad Schumann de 19 años de edad, el policía fronterizo que huye, dio la vuelta al mundo.

En las medidas de cierre y control de la frontera tomaron parte en agosto de 1961 unos 18 000 hombres (NVA (Armada Nacional Popular), Policía Popular, miembros de los Grupos de Lucha, Policía Fronteriza, Policía de Transportes). Se les informó de las órdenes a cumplir justamente antes de entrar en servicio; con las consecuencias físicas y psíquicas que tales órdenes les acarrearían tuvieron que enfrentarse ellos solos. Los dirigentes de las operaciones y Honecker se preocupaban , y con razón, por la motivación y el estado mental de las Tropas Fronterizas. Aumentaron los casos de deserción. La moral de los centinelas no era alta. El 18 de agosto se informó de que »el trabajo político con las fuerzas de seguridad« todavía »no era satisfactorio«.[8] Inmediatamente se reclutó al renombrado propagandista Karl-Eduard von Schnitzler para reforzar la posición tambaleante de las tropas. Pero esa acción, tampoco pudo impedir que aumentase el número de desertores.

15 de agosto de 1961. El policía Conrad Schuman (el segundo a la izquierda) antes de decidirse.

Solamente en las seis primeras semanas después del cierre de la frontera, huyeron 85 policías fronterizos de la RDA al oeste. Como consecuencia del gran número de desertores se reforzaron en las Tropas Fronterizas las medidas de educación política e ideológica, el control y las sanciones. A partir de ahora, deberían formarse también patrullas de dos o tres soldados para controlarse mutuamente.

A mediodía del 24 de agosto de 1961, Günter Litfin, sastre de 24 años de edad, caminaba por la estación de Friedrichstraße debajo de los raíles en dirección a la frontera. Un vigilante de la Policía de Transportes de la RDA (Trapo) le ordena que se detenga y dispara dos veces como aviso. Litfin se tira al agua en el puerto de Humbold para poder huir a nado al Berlín Oeste. Lo que ocurrió después lo describe friamente el jefe de la división : »Después de los tres disparos de aviso con una arma de repetición, a unos metros del huido en el agua y de que éste no diera la vuelta, se efectuaron dos disparos directos a causa de los cuales el huido se hundió.«[10] Dos horas más tarde los Vopos (Policías Populares) sacaban el cadáver del río Spree.

Los intentos de huida – en el argot de las tropas fronterizas »ruptura de la frontera« serán cada vez más difíciles y peligrosas de realizar. El 29 de agosto se disparó a un hombre mientras intentaba cruzar a nado el canal de Teltow. El 13 de octubre la Policía de Transportes disparó a un hombre que intentaba huir en la frontera de Potsdam-Babelsberg con el Berlín Oeste. A finales de 1961 ya han muerto en la frontera 15 personas.

Cada intento de huida con éxito será registrada por las Tropas Fronterizas de la RDA. El material de ayuda, por ejemplo los vehículos, o barcos serán confiscados y revisadas las circunstancias que lo hicieron posible. Estas informaciones valoradas por la plana mayor dirigente fueron utilizadas

El salto a la libertad – una foto que dio la vuelta al mundo. (Foto: Peter Leibing)

en los planos para la construcción de una frontera más intransitable. Pero a pesar de que avanzaba la organización del régimen fronterizo y las medidas de cierre, las Tropas Fronterizas registraron solamente hasta el 18 de septiembre de 1961 un total de 216 rupturas del muro en las que participaron 417 personas. En una reunión de la »plana mayor« el 20 de septiembre de 1961 Honecker reclamaba en nombre del politburó »medidas precursoras que hagan más inaccesibles los pasos fronterizos en Berlín« y a la comandancia de las Tropas Fronterizas les da la orden de en el futuro, hacer valer su autoridad consecuentemente: »Cualquier intento de romper la frontera deberá resultar imposible.«[11] Según el protocolo del Politburó del 22 de agosto de 1961 »para impedir los intentos de huida se debe disparar a dar si no existe otra posibilidad de impedir la huida. »En contra de los traidores y los rompedores de la frontera hay que utilizar las armas de fuego ... hay que crear en las zonas cerradas áreas de vigilancia y de tiro.«

Una estadística de las tropas fronterizas registra en el mes de octubre 85 »rupturas de la frontera« (»49 casos sencillos; 36 casos difíciles«) de las cuales un total de 151 personas (en las actas exactamente ordenadas según edad y sexo) tuvieron éxito en su huida al Berlín Oeste. Al registrar la palabra »dirección« existen dos posibilidades: »RDA – Oeste« u »Oeste – RDA« la última se queda vacía. Los métodos de huida que en las estadísticas más se registran son las de »el corte de las alambradas«, »reptar por debajo de las barreras de cierre« o »trepar por el muro«.

La Policía Fronteriza estaba obligada a impedir cualquier »ruptura de la frontera« sin preguntar y en caso extremo a disparar

Llamamiento de la »tropas de lucha de la clase trabajadora« el 23 de agosto de 1961. Ulbricht (delante), Honecker (segundo a la izquierda) y Verner (cuarto a la izquierda) agradeciendo un »servicio ejemplar«.

apuntando. Pero esta posibilidad debería, según el deseo de los responsables en el Partido y en el ejército, ser aplicada en ultima ratio. Para que la imagen de la RDA en el extranjero no fuera perjudicada había que intentar impedir los disparos en la frontera de la ciudad y en la zona interior. Por ello el sistema fronterizo se reforzará cada vez mas y se hará más estrecho – con varias zonas cerradas y el servicio de »ayuda voluntaria« etc –, para evitar que aquellos que quisieran huir ni siquiera pudieran acercarse a la zona cerrada o al muro.

En mayo de 1962 en un episodio espectacular se produjo un tiroteo entre la Policía Fronteriza de la RDA y la policía del Berlín Oeste. Wilfried T., un joven de unos 15 años procedente de Turinga saltó a las 17:45 horas a un canal para llegar nadando al Berlín Oeste. Los soldados de la frontera abrieron fuego y a pesar de que estaba herido de bala Wilfried T llegó a alcanzar la otra orilla, en donde le ayudaron algunos trabajadores, a pesar de todo los soldados fronterizos continuaron disparando y dos policías del oeste contestaron a los disparos. Durante este tiroteo el soldado fronterizo Peter Göring de 21 años resultó herido y murió. En total las fuerzas de la frontera de la RDA utilizaron 121 balas.

En agosto de 1962 la agonía y la muerte de Peter Fechter mostró al mundo entero la cruel monstruosidad del muro. Junto con un compañero de trabajo quiere, el aprendiz de albañil, huir al oeste desde la Zimmerstraße, al lado del Checkpoint Charlie. Ambos ya habían escalado la primera valla cuando fueron descubiertos y después de los disparos de aviso, tiraron a dar, utilizaron 21 balas. Mientras que su amigo pudo llegar a saltar las barreras, Peter Fechter se quedó tirado en el suelo de la zona oeste, herido

Übersicht über bestätigte Fahnenfluchten

Lfd. Nr.	Datum	Dienstgr.	Name, Vorname	Einheit	flüchtig mit Waffe/Mun.	Wo	Wie
1.	~~12.8. 15.00 h~~	~~Ltn.~~	~~Pilz, Wilfried~~	~~III./Brig.~~	/	/	~~P. verliess am 12.8. - 15 h seine Wohnung~~
2.	15.8. 15.40 h	Owm.	Schumann, Konrad	I.Brig.	mit MPi	Stützpunkt 3 Bernauer - Ecke Rubiner Strasse	Übersteigen der Drahtsperre
3.	16.8. 16.30 h	Uwm.	Oschmann, Helmut	Lehrber.	Leuchtp. 20 Schuss	Schönefelder Str.-Bahnh. Schönefeld	nagelten bei Sperrenbau so, dass immer 100m voraus
4.	16.8. 16.30 h	Uwm.	Phillipeit, Jürgen	Lehrber.	/	dto.	dto.
5.	16.8. 18.00 h	Uwm.	Strauss, Werner	Lehrber.	Karabiner"S" 20 Schuss	Nähe Schönef. Strasse	unter Vorspiegelung Essen zu empfangen und Überprüfung, ob Arbeitsgeräte liegen geblieben, überschritten die Grenze
6.	16.8. 18.00 h	Uwm.	Luding, Klaus	Lehrber.	dto.	dto.	dto.
7.	17.8. 01.20 h	Uwm.	Höhth, Ulli	8. Ber.	mit MPi.	Stützpunkt 10 KP 70 Massantebrücke	Durchkriechen der Drahtsperre
8.	17.8. 01.00 h	Anw.	Dachsel, Günter	9. Ber.	m. Pistole "M"	Stützpunkt 10 Dagmarstieg	Übersteigen des Stacheldrahtzaunes
9.	17.8. 0.30 h	Uwm.	Katzer, Rudolf	I./Brig.	MPi u. 40 Schuss	Koboltwerk, Brunnenstrasse	Übersteigen der Mauer des Betriebes welche gleichzeitig Grenze ist

- 2 -

208

Se llevaba un libro con los datos exactos de las deserciones.

en el vientre y en la espalda. Los policías fronterizos no hicieron ningún amago de ayudar al herido que se desangraba. Los policías del oeste no pueden ir a ayudar al herido que grita pidiendo ayuda, Fechter está en la zona oeste y en su impotencia le arrojan botiquines de primer auxilio. Tampoco se atreven los soldados americanos de servicio en el Checkpoint Charlie a acercarse a la zona oeste para ayudar al herido. En la zona oeste comienzan a concentrarse pasantes que con rabia insultan a las fuerzas fronterizas de la RDA y les instigan a que presten ayuda. Les piden a los americanos que intervengan, pero sin éxito. Sin moverse se quedan de pie unos en frente de los otros, los policías del oeste que no pueden ayudar, y los de las Fuerzas Fronterizas de la RDA que no quieren, o ¿no pueden?. Después de una hora retiran los policías fronterizos de la RDA el cadaver de Peter Fechter. Ningún otro suceso en el muro excitó tanto

25.08.06
264

Ministerium des Innern
Bereitschaftspolizei
1. Grenzbrigade (B)
- Leiter Operativ -

O.U., den 18.10.1961

HB 30/9 0 15r.96

An das
Kommando der Bereitschaftspolizei
Leiter Operativ
Oberstleutnant Z i e s c h o w

Betr.: Schußwaffengebräuche bei Grenzdurchbrüchen und versuchten Grenzdurchbrüchen in der Zeit vom 13.08. - 10.10.1961

Bezug: Telefonische Anweisung vom 17.10.1961

Z e i t	Warnschüsse	Zielschüsse	erzielte Wirkung
13.08 - 31.08.	3	1	1 Toter
01.09.- 10.09.	-	-	-
11.09.- 20.09.	6	3	2 Verletzte
21.09.- 30.09.	29	10	9 Verletzte 29 Festnahmen
01.10.- 10.10.	12	4	1 Toter 2 Verletzte 11 Festnahmen
Gesamt	50	18	2 Tote 13 Verletzte 40 Festnahmen

El 24 de agosto de 1961 se realizaron los primeros disparos que causaron la muerte de un hombre que intentaba huir.

a los berlineses como el de la muerte lenta de Peter Fechter. En los dias siguientes, se produjeron numerosas manifestaciones de protestas llenas de rabia. Las personas furiosas atacaron a soldados de la Unión Soviética, tiraron piedras al autobús que transportaba soldados rusos al monumento conmemorativo de Tiergarten, pero también están enojados con los aliados, se insulta e incluso se actúa violentamente en contra de las fuerzas del ejército americano.

¿Por qué no ayudaron los soldados fronterizos al herido Fechter mientras se desangraba? Hay que tener en cuenta al formular esta pregunta, sin respuesta, el que probablemente tendrían miedo. En las semanas anteriores a este incidente, habían muerto dos soldados fronterizos, uno a causa de los disparos efectuados por un hombre mientras intentaba huir en el Checkpoint Charlie y que justamente cayó donde lo hizo Fechter, y el otro por los disparos de la policía del oeste.

La muerte de Peter Fechter cambió la consciencia de los berlineses del oeste y de sus políticos. La actitud de reserva de los americanos había demostrado que los políticos tenían que ocuparse de despojar a la frontera , aunque solo fuera en parte, de su imagen terrorífica e intentar hacerla más transitable. Después de estos dolorosos episodios, Willy Brandt, Egon Bahr y Heinrich Albertz, entendieron la necesidad de realizar una política más humana.

La Potsdamer Platz en noviembre de 1961. Poco a poco se inspecciona el muro.

A LA SOMBRA DEL MURO

Separaciones

El muro es una herida abierta en la carne de una ciudad llena de vida. Separaba familias, amistades, amantes. Antes de que cerraran la frontera pasaban miles de berlineses diariamente los sectores para visitar a amigos y familiares, para comprar, ir a la peluquería o al cine. Unos 12 000 berlineses del oeste trabajaban en el este y unos 53 000 berlineses del este trabajaban en el Berlín Oeste, a los que se miraba con recelo por »el dinero del oeste« que ganaban allí. Esta situación casi se terminó de golpe en agosto de 1961.

Familiares y amigos estaban separados como si vivieran en otro planeta. El 23 de agosto se cerraron los últimos puntos de paso para los berlineses del oeste. La RDA pedía certificados de paso a los habitantes del oeste que podían adquirirse en la estación de Zoo, es decir en el Berlín Oeste, situación que el Senado de Berlín Oeste rechazó ya que hubiera significado que la RDA tendría derecho de soberanía en la zona oeste de la ciudad. Con el cierre de los pasos fronterizos se cortaron las últimas posibilidades de contacto dentro de la ciudad. No había línea telefónica. Hablar con los tíos, tías, abuelos y sobrinos solo era posible a gritos delante de un muro, cada vez más alto, y de las alambradas.

Agitar la mano, por lo menos verse un momento por encima del muro, en breve ni esto sería posible. Las barreras serán cada vez mayores, el régimen fronterizo cada vez más estricto. El 15 de agosto se comenzó en la RDA a sustituir las alambradas por un muro. Éste era al principio de ladrillo, pero a partir de noviembre de 1961, también de placas de hormigón y poco a poco la zona cerrada se convirtió en un muro.

El muro sería un elemento estabilizador del régimen: ya no podría escaparse nadie. El SED aumentó las medidas de represión después del 13 de agosto. En los últimos seis meses de 1961 se dictaron 18 297 sentencias políticas, y solamente 4 442 en la primera mitad del año. Paulatinamente se iría relajando el puño de hierro. A partir de 1963/64 fue más fácil para muchas personas conformarse con la situación en la RDA, la economía y el nivel de vida comenzaron

Durante las primeras semanas los policías dejaban que las personas se saludaran por encima del muro.

a mejorar, despacio pero en aumento. El escritor Günter de Bruyn recuerda: »A pesar de todo teníamos que vivir con el muro, no podía uno tacharse de tonto indeciso durante años o decenios por el hecho de no haberse pasado al otro lado a tiempo; suspirar por la Kurfürsterdamm o por el Britzer Dorfteich o constantemente sufrir por no poder volver a experimentar el Taunus, el Odenwald ... o porque Copenhague, París o Roma estaban clausuradas para siempre. Había que olvidar que la calle Ackerstraße a menudo visitada ... se prolongaba hacia el norte ... y cuando uno oía debajo del adoquinado en un ritmo de cinco minutos pasar el metro del oeste al oeste había que dejar de pensar: »Oh quién pudiera viajar a Tegel o a Neukölln. Para poder vivir encerrado había que vivir como si no existiera el encierro.«[12]

Esta pareja del oeste solo pueden saludar de lejos a los padres de la novia.

Casi toda la infraestructura de la ciudad estaba desconectada a causa del muro. Incluso las cloacas estaban separadas por rejas. Especialmente extrema fue la ruptura en las líneas del metro y del tren. Para los berlineses del oeste la estación final era Gesundbrunnen, Wannsee, Sonnenalle o Lichterade; para los berlineses del este en la Friedrichstraße.

»Entrar« al Berlín Este sin papeles y sin control, también esta situación tan absurda, existía en la ciudad. Una de las separaciones más carentes de sentido la encontramos en la estación del tren suburbano de Wollankstraße, en el trayecto norte sur. La estación se encontraba en el barrio de Pankow del Berlín Este, lindando con el barrio de Wedding y podía ser utilizada solamente por los berlineses del oeste, un cartel avisaba a los pasajeros: »¡Atención! Esta entrada y esta estación se encuentran en el sector soviético«.

»¡Alto zona fronteriza!« – Vivir y trabajar junto al Muro

Más de 120 000 personas vivían y trabajaban en el Berlín Este y la RDA junto al muro. ¿120 000 personas que podrían escaparse al igual que muchos de los »voluntarios de las Tropas Fronterizas«?

En junio de 1963 se declaró oficialmente una »zona fronteriza« a la que solamente podía accederse con permiso. Ocupaba de unos 40 m a 1,5 km. de ancho contando a partir de »la parte posterior del muro«, la primera barrera fronteriza del este, y para los berlineses del este la verdadera frontera. El muro de hormigón de 3,60 m. de altura que en el Oeste era considerada como la frontera, lo vieron los del este en 1989.

Control de los permisos de paso en Berlín Este por una »ayudante voluntario«.

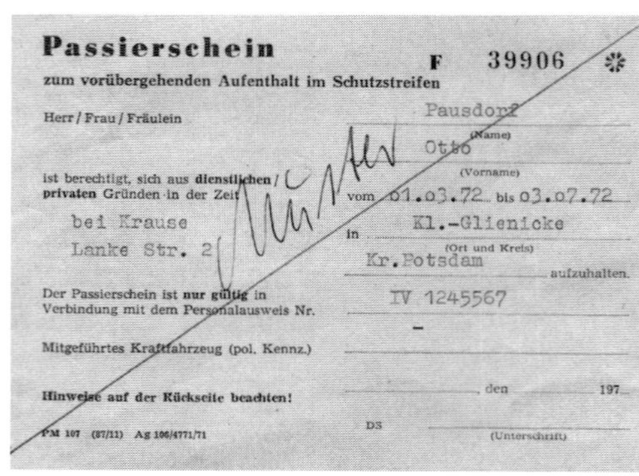

Passierschein F 39906

zum vorübergehenden Aufenthalt im Schutzstreifen

Herr / Frau / Fräulein Pausdorf (Name)

Otto (Vorname)

ist berechtigt, sich aus dienstlichen / privaten Gründen in der Zeit vom 01.03.72 bis 03.07.72

bei Krause
Lanke Str. 2

in Kl.-Glienicke (Ort und Kreis) Kr.Potsdam aufzuhalten.

Der Passierschein ist nur gültig in Verbindung mit dem Personalausweis Nr. IV 1245567

Mitgeführtes Kraftfahrzeug (pol. Kennz.) –

Hinweise auf der Rückseite beachten!

........., den .... 197..

DS (Unterschrift)

PM 107 (87/11) Ag 106/4771/71

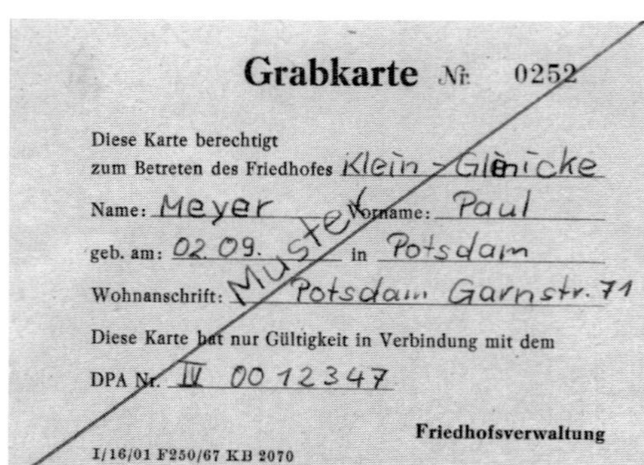

Grabkarte Nr. 0252

Diese Karte berechtigt
zum Betreten des Friedhofes Klein-Glienicke

Name: Meyer Vorname: Paul

geb. am: 02.09. in Potsdam

Wohnanschrift: Potsdam Garnstr. 71

Muster

Diese Karte hat nur Gültigkeit in Verbindung mit dem
DPA Nr. IV 0012347

Friedhofsverwaltung

I/16/01 F250/67 KB 2070

El que vivía en »zona fronteriza«, trabajara allí o quisiera visitar un cementerio, tenía que solicitar un permiso especial o un »permiso para las tumbas«.

En algunos lugares de la »frontera a las afueras«, ésta se extendía incluso unos 2,5 km. Se avisaba con carteles: »¡ Alto! ¡Zona fronteriza!« Las calles y los caminos de paso estaban bloqueados con jardineras. Se aplicaba un derecho de paso muy restrictivo: »Se otorgarán en casos justificados permisos especiales para los ciudadanos que por causas de trabajo o para poder llegar a sus casas necesitan atravesar las zonas cerradas.«[13]

La espontaneidad no era precisamente muy aceptada en la RDA, y en las zonas fronterizas todavía menos. Aquél que quisiera visitar a los familiares que vivieran en la zona fronteriza, tenía que solicitar un permiso especial a la Policía Popular y esperar a que se lo otorgaran hasta cuatro semanas. Aunque no había un punto fijo de control había que estar preparado para poder presentar siempre el carné apropiado o el »permiso especial« . Los encargados del control eran la Tropas Fronterizas, la Policía Popular, los miembros del Stasi y los denominados »ayudantes voluntarios«.

La policía dirigía las solicitudes de visita al Departamento de Interior las cuales llegaban al de Seguridad del Estado, aquí se examinaban las actas personales de los solicitantes y se devolvían las peticiones a la Policía Popular con el sello de »sin problema« o »denegado« sin especificar el motivo.

Un problema de seguridad especial lo constituían las empresas situadas en la zona fronteriza. Continuamente las Tropas Fronterizas intensificaban las medidas de seguridad: »En las empresas y en los otros puestos de trabajo en las cercanías de la frontera hay ... implantar medidas de seguridad y de orden que impidan que se viole la frontera. ...«[14]

También algunos cementerios como por ejemplo el de Invaliden o el de Sophien, estaban situados en zonas fronterizas. Para acceder a ellos era necesario solicitar un »pase para las tumbas«. Los obreros que tenían que trabajar en las cercanías del muro necesitaban conseguir un pase verde especial »para la estancia transitoria en la zona fronteriza«.

Según una relación del Ministerio de Defensa en 1975, se otorgaron para la zona fronteriza del Berlín Oeste un total de 88 579 pases especiales. Pero cuando comenzaron a aumentar las huidas entre los habitantes de las zonas fronterizas, a finales de 1988 los Comandos de las Tropas Fronterizas no asignaban a las personas que habían pedido un permiso para viajar una vivienda en las zonas fronterizas y los solicitantes de un premiso que vivieran allí, deberían, a ser posible, »ser trasladados« a otras zonas.

Los dirigentes de la RDA pretendían establecer en la zona fronteriza un control perfecto y no reparaban en métodos drásticos. Se derrumbaron bloques de viviendas para proporcionar a las Tropas Fronterizas un »libre campo de visión« y suficiente espacio de »tiro«. Especialmente en los años sesenta, se ordenaron numerosos traslados de habitantes y derribos de viviendas. Así se deberían encauzar sobre todo en el Berlín Este, zonas »cerradas« que presentasen algún peligro. Bloques enteros de viviendas y fábricas fueron derribadas en estas »medidas de arreglo« y nivelado el terreno. Miles de personas se vieron obligadas a abandonar su vivienda.

El vivir cerca del muro suponía para muchos, o para la mayoría un perjuicio considerable. Continuamente tener a la vista la frontera, sin vida, yerma, peligrosa, iluminada por las noches; continuamente recordar que el mundo detrás de ese muro estaba cerrado. ¿Quién no le daría vueltas a la cabeza? Por ello, junto con los controles y las represiones ocasionales, también se les daban algunas ventajas a los trabajadores y a los habitantes de la zona fronteriza, por ejemplo un 15 % más de sueldo. En las comunidades fronterizas, especialmente en la frontera alemana interior pero también en la zona del Berlín Oeste, siempre debería proporcionarse un buen »abastecimiento«. »La seguridad del abastecimiento de la población en los círculos fronterizos y en las comunidades representa una tarea política de importancia primordial para el comercio y las empresas de servicios. Los consejos de los barrios y las zonas son responsables de ... el abastecimiento y la asistencia gastronómica de calidad.«[15]

Pero la realidad tenía otro aspecto. Un ex habitante de la zona fronteriza nos cuenta: »Siempre se pronunciaban grandes discursos sobre el abastecimiento de las zonas fronterizas, y el extremo opuesto era la realidad de nuestro mercado.« Los habitantes de las zonas fronterizas tenían que soportar bastante. El control era casi perfecto y molesto. »Cada noche venían los soldados y miraban en el sótano y en el terreno. A las dos de la mañana se paraban los motoristas, había que abrir los trasteros del sótano. Incluso teníamos que quitar o rasgar las mantas que teníamos delante de los sótanos ... para que pudieran iluminarlo todo.«[16]

Pero a pesar de todas las acciones que realizaban las patrullas de protección de la frontera, siempre intentaban huir ciudadanos de la RDA.

El muro en Teltow, a prueba de robos, pero en ocasiones agobiante.

INTENTOS DE HUIDA

Túneles de huida

Uno quería »sacar« a su novia, el otro todavía tenía un asunto pendiente con el SED, otros ayudaban por solidaridad y ganas de aventura. Cinco meses después de la construcción del muro planearon Hasso, Ulli, Gigi y Mommo, cuatro estudiantes del Berlín Oeste, como poder superarlo; de todo ello resultó en realidad una empresa dedicada a las huidas. La televisión lo grabó todo en vivo.

La canalización, entre tanto cortada por rejas, era un camino para huir. Las brechas en la frontera eran cada vez más peligrosas, ya habían disparado en contra de varias personas que intentaban huir. Por consiguiente un túnel era la solución. Durante varios dias, buscaron los cuatro en el Berlín Oeste el lugar apropiado hasta que lo encontraron: el recinto medio destruido de una fábrica en la Bernauer Straße 73.

En el sótano primero cavaron 7 metros de profundidad y luego en línea recta. Cavar durante todo el día, en tres turnos consiguiendo de 1 a 3 metros por día según las propiedades del suelo. En total participaron 41 hombres para ventilar utilizaron un sistema con ventiladores y tuberías de estufa.

A través de un periodista, los constructores del túnel entraron en contacto con la televisión americana que filmó la acción desde el comienzo. También los cámaras tenían que acogerse a el estado de secreto mayor, se les condujo al barrio de Wedding en una camioneta con las ventanas tapadas y entraron en el sótano con los ojos vendados. La NBC Pagó 12 000 $ por la exclusiva del reportaje, un dinero que los constructores del túnel necesitaban.

A comienzos de septiembre de 1962 todo estaba listo, ahora faltaba avisar sin llamar la atención a los que quería huir. Esta acción tan peligrosa la realizó una joven del Berlín Oeste, ya que a los ciudadanos del oeste, en contraposición de los del este, no les estaba prohibido el paso. Se dirigió a una tasca del Berlín Este y pidió un café, la señal convenida. Café no había pero en la tasca ya estaban avisados. La correo bebió también un coñac y salió del local. El grupo se dirigió sin llamar la atención a una casa en la Schönholzer Straße.

Al final del túnel estaba esperando Hasso apuntando con una ametralladora, nadie podía saber quién estaría delante cuando cayera la última barrera. Entonces el momento culminante, Hasso se lanzó a la puerta del sótano, varias personas le miraron asustadas, ya se puede empezar, uno tras otro se introducen en el túnel y se arrastran los 150 metros hasta llegar al oeste. Dos niños pequeños también lo hicieron, un total de 29 personas volvieron a ver ese 14 de septiembre de 1962 en la Bernauer Straße la luz del día, manchados pero felices. Uno de los

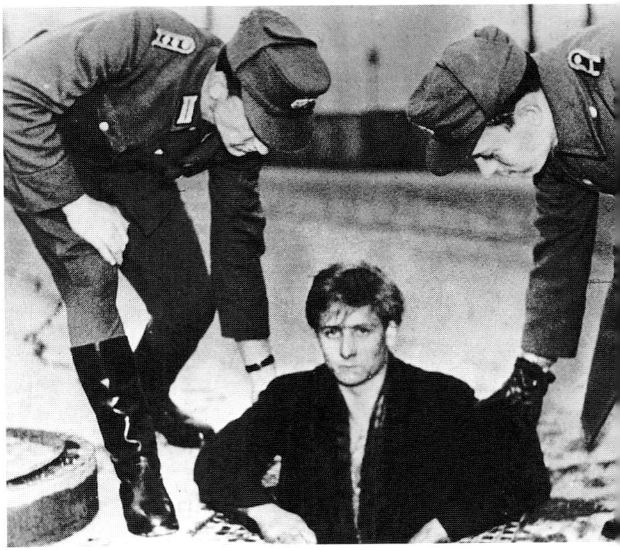

¿Preparado? Foto de las actas de las Tropas Fronterizas de una detención en un intento de huida.

constructores del túnel sostuvo por primera vez a su hijo de cinco meses en brazos, también esta escena la rodaron las cámaras de la NBC.

Durante las primeras semanas después del cierre de la frontera, varias personas habían intentado huir directamente. La construcción fronteriza alrededor del Berlín Oeste consistía normalmente en alambradas y vallas posibles de pasar sin mucho esfuerzo aunque con mucho riesgo ya que se disparaba a dar. A pesar de todo muchas personas intentaron tomar este peligroso camino.

En 1962/63 fue la época en la que se construyeron los túneles. La primera gran huida a través de un túnel se consiguió después de varias semanas de preparación el 24 de enero de 1962 en la Oranienburger Chausee: 28 personas reptaron por debajo de la zona fronteriza en dirección al oeste. En primavera cavaron, en su mayoría personas mayores, un túnel de 32 metros de largo y 1,75 metros de alto no lejos de este punto. Dirigidos por un hombre de 81 años consiguieron doce personas el 5 de mayo de 1962 huir al Berlín Oeste. En junio de 1962 en Hermsdorf, en el barrio de Britz y Neukölln otros 25 ciudadanos de la RDA, lograron llegar al oeste.

Pero pronto habría también derrotas. Muchos proyectos de huida fueron descubiertos, a causa de su insuficiente preparación y camuflaje, por las Tropas Fronterizas y se detuvieron a los que intentaban pasar la frontera y a los que les ayudaban. También se dispararon tiros. El 6 de octubre de 1962 en un túnel descubierto que partía de la Elsenstraße en el barrio de Neukölln, se mató a tiros a un hombre del Berlín Oeste que ayudaba a escapar. Unas semanas antes, el 18 de junio de 1962, al soldado fronterizo de la RDA Reinhold Huhn moría a causa de las heridas de bala cerca del Checkpoint Charlie. Rudolf M. de 31 años de edad, había cavado un túnel de 22 metros de largo en el terreno del Axel-Springer-Verlag en Kreuzberg y que terminaba en la calle Zimmerstraße en el Berlín Este. M. pretendía llevarse a su familia al oeste pero cuando los que querían huir se acercaron al túnel fueron detenidos por las Tropas Fronterizas de la RDA, M, sacó una pistola y disparó, matando al soldado Reinhold Huhn de 20 años de edad.

También había especialistas en la construcción de túneles. Wolfgang Fuchs era uno de ellos, la prensa le apodaba »Túnel Fuchs«, y alcanzó mucha fama con sus acciones. El constructor de túneles recibía al comienzo mucha ayuda material y financiera, sobre todo de editoriales de prensa como la Springer Verlag o la revista »Stern« que se aseguraba así las fotos del reportaje y la exclusiva. A través de canales desconocidos, también le llegaba de vez en cuando ayuda del Senado del Berlín Oeste. Era ya su séptimo túnel el que Wolfgang Fuchs construía en el otoño de 1964 junto con estudiantes de la Universidad Técnica. En el sótano de una panadería solitaria en la Bernauer Straße cavó un túnel de 12 metros de profundidad en dirección al este. Como el resto de los constructores del túnel trabajaba Fuchs por idealismo y sin ánimo de lucro. Durante meses excavaron en tres turnos durante todo el día un túnel de 145 metros de largo y 70 centímetros de alto. Un total de 57 personas pasaron al oeste entre el 3 y el 5 de octubre de 1964. Pasadas tres noches, las Tropas Fronterizas de la RDA descubrieron el túnel, y hubo un tiroteo en el que murió el guardia de la RDA Ergon Schulz.

Después del tiroteo en la Bernauer Straße acabó la época de los túneles. Los financieros privados dejaron de dar dinero y se acabó la ayuda estatal. El Senado y el gobierno pretendían que el muro fuera políticamente más transparente.

Paso ilegal de la frontera y las brechas en el muro

A partir de 1963 no solo se necesitaba osadía y fantasía para huir, sino también cada vez más dinero. Cada persona que quería huir tenía que pagar unos 2 000 DM. Pero este dinero no servía para enriquecer al constructor de túneles profesional por ejemplo al apodado »el gordo«, el dinero servía para financiar la construcción del túnel, que costaba según los cálculos de un periodista del »Stern« unos 28 000 DM. Poco a poco aquellos que ayudaban a huir realizaban un buen negocio. En los periódicos del Berlín Oeste se ponían pequeños anuncios en los que por ejemplo se ofrecía »ayuda en dificultades familiares« para obtener más información escribir al anuncio cifrado; y así entrar en contacto con los que querían sacar a amigos o a familiares de la RDA. Cuanto más peligrosa era la operación, más caro resultaba, a finales de los años sesenta costaba de 15 000 a 20 000 DM por persona.

Los que ayudaban a huir de la RDA, cada vez lo inventaban con métodos más sofisticados. Los métodos normales eran dentro de coches preparados o con documentos falsos. Así por ejemplo se contrataba en Holanda a gente joven para que viajara al Berlín Este y allí, denunciara el robo de su pasaporte, con el que mientras tanto había pasado la frontera una persona que quería huir.

A menudo se realizaban intentos de huida en coches preparados para ello. Se demostró mucho ingenio en este tipo de operaciones que consistía en meter a personas adultas en escondites muy pequeños. En 1964 incluso

En el sótano de esta casa en el barrio de Wedding terminaba un túnel por el que huyeron 57 personas.

se llegaron a esconder 9 personas en un coche BMW Isetta que una tras otra pudieron huir. Pero este tipo de huida en coches preparados resultaba muy peligrosa ya que las Tropas Fronterizas de la RDA analizaban con minuciosidad los coches confiscados en un intento de huida fracasada y con la ayuda de la documentación acumulada intensificaban la vigilancia. En un informe de las Brigadas Fronterizas presentado el »13 de agosto« del año 1966 al SED-Dirección de los Barrios de Berlín, se puede leer: »Cuando … a los elementos enemigos les ha sido posible en algunos casos pasar la frontera, representa por lo tanto una nueva ocasión para analizar críticamente los factores que permitan obstaculizar y detener tales acciones y ante lo cuak se han deducido nuevas disposiciones que hagan más efectiva la seguridad en la frontera del estado.«[17]

Se trataba de un negocio peligroso para todos sus participantes, y a pesar de una detallada y rigurosa preparación fracasaron muchos de los intentos de pasar la frontera. Además el Servicio Secreto de la RDA siempre podía introducir un espía en los grupos que preparaban la huida. A los que eran detenidos por intentar ayudar a huir se les juzgaba como »criminales por tráfico de personas«, y el Stasi aprendía con cada detención, con cada proceso a los ayudantes de huida aumentaba su información que luego utilizaba el Ministerio de Seguridad del Estado para intensificar las medidas de control. A finales de los años sesenta ya habían transcurrido los años en los que se pasaba ilegalmente la frontera.

Diferentes tipos de vehículos se utilizaron para esconder a personas que pretendían pasar la frontera o para romper brechas en ella. Una huida muy espectacular tuvo lugar en la tarde del 5 de diciembre de 1961 cuando el maquinista de trenes Harry Deterling, su familia y su fogonero lograron huir en una locomotora de vapor 78 079 desde Oranienburgo. Las Tropas Fronterizas reaccionaron intensificando las medidas de seguridad, en las estaciones de tren se desmontaron los raíles. A partir de 1966, con la nueva construcción de medidas de seguridad y la retirada de los raíles era técnicamente imposible pasar la frontera sin permiso.

En 1966 dos berlineses del este apisonaron con una aplanadora un trozo del muro, y a pesar de que los soldados abrieron fuego, pudieron llegar al oeste ligeramente heridos. En mayo de 1963 en el paso fronterizo del Sandkrugbrücke falló el intento de romper las barreras de hormigón y varias personas fueron heridas a causa de los disparos.

El joven de 17 años Bodo Kunkel aspiraba a encontrar una posibilidad para abandonar la RDA y se decidió hacerlo con el vehículo más grande que se había utilizado hasta entonces para pasar la frontera: un barco de vapor de recreo, el »Friedrich Wolf«, buque de la flota blanca con Kunkel dentro vestido de marinero. El 7 de junio de 1962 zarpó de Treptow, algunos iniciados le habían dado órdenes, el capitán y el maquinista estaban totalmente borrachos en el camarote, puestos fuera de combate la noche anterior por los que querían huir. En total eran 12 a bordo, a la altura del puente Elsenbrücke pasó un barco de la Policía Popular, Kunkel mostró el permiso especial para navegar en aguas de la frontera, todo estaba en orden. Un poco después dirigió el timón a babor, el »Friedrich Wolf« navegaba por el canal en dirección al oeste, las Tropas

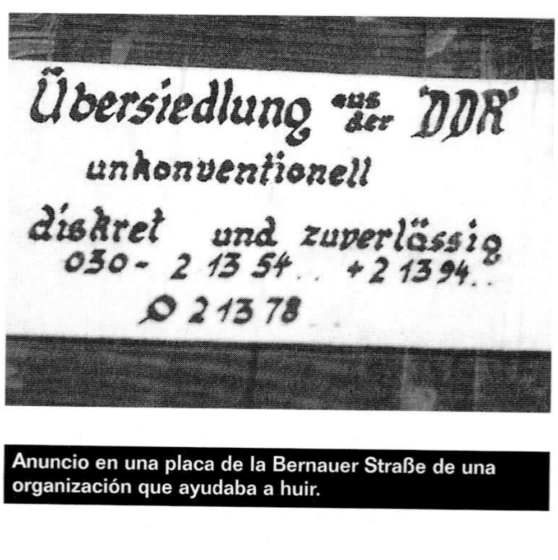

Anuncio en una placa de la Bernauer Straße de una organización que ayudaba a huir.

Fronterizas de la RDA abrieron fuego inmediatamente, la policía del Berlín Oeste les cubrieron disparando también, y a pesar de que el barco recibió varios disparos, a las personas en su interior no les ocurrió nada. Después de unos minutos llenos de tensión, Kunkel y los otros llegaron a la zona oeste.

Otros eligieron huir por aire, el 28 de julio de 1965 por la tarde Heinz Holzapfel, un economista de Leipzig, se encerró junto con su mujer y su hijo de 9 años en un cuarto de baño del edificio de los Ministerios de la calle Wilhelmstraße en el Berlín Este. El ala sur del edificio, en la época Nazi Ministerio del Aire, estaba lindando con la frontera. Al llegar la noche deslizaron desde el tejado, por encima del muro, un martillo envuelto y unido a un hilo de perlón. En la zona oeste estaban esperando sus familiares los cuales aseguraron al hilo una cuerda de acero que él, poco a poco levantó y ató al mástil de una bandera del edificio. El hijo fue el primero que se deslizó por ese teleférico improvisado sobre el muro agarrado a un cinturón, luego le siguió su mujer Jutta y finalmente lo hizo Holzapfel. La construcción fue descubierta a la mañana siguiente por las Tropas Fronterizas.

Siempre se producían deserciones de los miembros de las Tropas Fronterizas. Una de las más espectaculares tuvo lugar en abril de 1963 cuando uno de los soldados de las Tropas Fronterizas rompió la frontera con un tanque en el barrio de Berlín Treptow y huyó junto con varios camaradas en un camión.

A finales de 1963 decidió el Consejo Nacional de Defensa, en vista del gran número de deserciones mejorar las condiciones de trabajo de las Tropas Fronterizas. Entre estas medidas se encontraban un mejor sueldo, mejor aprovisionamiento, mayores posibilidades de ascensión dentro del cuerpo, numerosos premios, gratificaciones y la orden a sus superiores de trata »mejor« a los soldados a su mando. Y efectivamente disminuyeron el número de desertores pero se añadieron a las nuevas ventajas también un gran número de controles y medidas represivas.

Foto de documentación de las Tropas Fronterizas de un intento fallido de huida.

Se calcula que el número de desertores de las Tropas Fronterizas de la RDA en Berlín y en la frontera interior de Alemania, entre ellos gran cantidad de oficiales y comandantes asciende a mas de 2 800.

Se pueden impedir las brechas en el Muro

El sentido y la finalidad del muro era la de impedir que se huyera al oeste, aunque la propaganda del SED asegurara que se tratara de un »muro de protección antifascista« y que tenía una función de protección contra el »imperialismo del oeste«. »Las brechas en la frontera no se pueden tolerar« esta era la orden, corta y clara, del Ministerio de Defensa para el régimen fronterizo. En el oeste se hablaba de »muro y alambrada«, pero la frontera tenía más elementos: cierre para coches, barreras de señalización, brigadas en los caminos, torres de observación, búnkers, suelo minado (solamente en la frontera interior de Alemania y no en Berlín).

En la construcción de la frontera en Berlín y alrededores se distinguían tres estadios:

Primer estadio de construcción de 1961 a 1968.

Segundo estadio de construcción de 1968/69 a 1980.

Tercer estadio de construcción de 1981 a 1989.

La primera barrera del 13 de agosto de 1961 consistía en una alambrada con policías fronterizos armados y miembros voluntarios. La construcción de un muro comenzó el 15 de agosto, en varios puntos del interior de la ciudad los albañiles empezaron a levantar un muro de ladrillos tan alto como un hombre y estrechamente vigilado por soldados fronterizos. Este »muro de la primera generación« (una forma del oeste de hablar sobre el muro; hasta 1989 en total se diferencian cuatro »generaciones«) estaba construído irregularmente y tenía 30 cm de grosor. Las alambradas servían para dificultar el que se trepara por él. Las torres de observación habían sido construidas a toda prisa con tablas y vigas de madera.

Rápidamente se puso de manifiesto que este muro no aguantaba los intentos de romperlo para huir. Especialmente en puntos »peligrosos« se aumentó su grosor en un metro al cabo de unas semanas para lo que se utilizaron placas de hormigón.

En noviembre de 1961 comenzó la NVA cerca del Checkpoint Charlie a reemplazar y a fortificar el muro por el llamado »muro de la segunda generación«, el cual debería mejorar la »imagen« del muro, sobre todo en zonas específicas del oeste como en La Puerta de Brandenburgo o en el Checkpoint Charlie. Asunto que siempre preocupaba a la dirección del SED y a los Comandos Fronterizos.

A comienzos de 1962 se empezó a construir una frontera innovadora y un camino de paso paralelo a ella. Los soldados tienen que poder moverse y poder llegar rápidamente al lugar en el que se realiza cualquier intento de pasar la frontera. Al mismo tiempo se construyó un camino para los perros.

Durante los primeros meses el gobierno de la RDA no sólo estaba insatisfecho con el régimen fronterizo, sino también con la moral y la preparación de las Tropas Fronterizas. En una orden del 14 de diciembre de 1961 Hoffmann, ministro de defensa de la RDA, se expresa claramente: »La organización de la seguridad fronteriza todavía no cumple las exigencias necesarias para poder detener cualquier intento de fuga. ... La preparación de combate como condición para lograr una seguridad en la frontera del estado, ha sido gravemente desatendida, se realiza sin organización y a nivel precario, lo que demuestra una carencia en el comportamiento de los soldados mientras realizan el servicio fronterizo. ... Los soldados tienen que ser formados sistemáticamente para poder disparar en cualquier situación de día y de noche.«

Bastante más clara era la orden 101/62 del 23 de noviembre de 1962, en la que se expresa la exigencia de un mejor entrenamiento en el uso de las armas, y que en los puestos fronterizos se tiene que ser capaz de »aniquilar de un disparo de día o de noche cada blanco localizado.«[18]

Las órdenes 101 eran consideradas de central importancia para el régimen fronterizo, las daba el ministro de defensa nacional y en ellas se recogían, normalmente una orden por año, las normas a seguir y a obedecer, para »la construcción técnica e inovadora de los sistemas fronterizos« y la importante educación militar ideológica.

El »Manual del Soldado de la Frontera« del año1965 contiene en la rúbrica sobre las »disposiciones del uso de armas de fuego para los vigilantes, guardias y las patrullas de la Armada Nacional (V-10/4)« las siguientes reglas: »Solamente se deben utilizar las armas ... .

A la altura de la Ackerstraße las Tropas Fronterizas construyen en 1963 un muro con placas de hormigón.

d) por decisión propia de los vigilantes, los guardias y las patrullas o por otros que momentáneamente o periódicamente lleven armas si otros métodos no son suficientes para frenar la clara traición dirigida en contra de la clase trabajadora ... «[19] Con ello se referían al intento de pasar la frontera.

En 1991, un oficial de la frontera expresaba su opinión sobre el uso de las armas de fuego: »se realizaban reuniones diarias, es decir estaba claro que había que detener o aniquilar a los que intentaban pasar la frontera haciendo uso del arma, en el reglamento estaba claramente escrito, llamar a gritos, un disparo de alarma y un disparo apuntando que detuviera al que intentaba pasar la frontera.«[20]

Sobre que había que intentar respetar la vida del que quería huir también se expresa en las »leyes de la frontera del estado de la RDA« del 25 de marzo de 1982. Aquí se exponía en el artículo 27 (utilización de las armas de fuego): »... hay que respetar en lo posible, la vida de las personas.« En lo posible.

En la práctica las disposiciones sobre el uso de las armas de fuego eran muy ambiguas, en la realidad los mismos guardias tomaban la decisión, los de graduación mas baja. »Se dejó que fuera la responsabilidad de los guardias. Y yo creo los dejaron solos a propósito. Siempre me he preguntado qué es lo que tenía que decirle a mis soldados. Nunca les ordené directamente: ›Tenéis que disparar a los que intentan huir de la República‹, no quería expresar una orden tan concreta. Uno se desembarazaba de la responsabilidad, los de muy arriba lo hacían y ésta terminaba en los que estaban afuera y eran ellos entonces los que tenían que decidir si disparaban o no.«[21]

Intensificación de las instalaciones fronterizas

En agosto de 1964, cuatro años después de la construcción del muro, las instalaciones fronterizas en Berlín y en los alrededores presentaban el siguiente aspecto: el muro había alcanzado una longitud de 15 Kilómetros de largo; en un espacio de 130 km se extendían alambradas de púas y barreras, habían un total de 165 torres de observación, en su mayoría de madera, y 232 búnkers o puntos de protección. Todavía no estaban constantemente iluminadas las barreras de

Un intento de huida en el barrio de Mitte en 1971.

paso de la frontera y no había un camino de paso cerrado paralelo. El gasto de las instalaciones fronterizas alcanzaba en esta época los 56,5 millones de marcos de la RDA.

Minas en el suelo, o armas automáticas con dispositivo propio como las que existían en la frontera del interior y que causaron numerosas muertes y heridas entre los que querían pasar la frontera, no existían en Berlín, el gobierno de la RDA temía las protestas internacionales que acarrearían su uso en una frontera tan »estrecha« como la de Berlín.

El politburó del SED se ocupaba regularmente de la situación en el muro y exigía deducir consecuencias »técnicas innovadoras« y »tácticas militares« de los intentos de huida. En otoño de 1964 se citó para dar el parte al general Poppe; los reproches aumentaban ya que los funcionarios jefes de la RDA estaban disgustados a causa del gran número de huidas y de deserciones. Exigían que las medidas de seguridad en el régimen fronterizo se intensificaran. El comando de las Tropas Fronterizas, asustado, desplegó medidas drásticas.

En febrero de 1965 Poppe presentó en el Ministerio de Defensa un proyecto detallado »sobre la construcción futura« de las instalaciones fronterizas hasta 1970. Era verdaderamente un proyecto detallado y repleto de críticas al propio sistema. Las barreras construidas el 13 de agosto de 1961 a menudo habían sido instaladas »sin ser probadas , en parte sin el conocimiento técnico necesario« y con un efecto limitado de demarcación.

Poppe también incluye conclusiones sobre el »efecto político« de la frontera en su informe. »Las instalaciones más innovadoras no benefician la imagen de la República Democrática Alemana en el mundo.« Finalmente enumera los métodos más usuales utilizados para pasar la frontera:

»– Reptar por debajo, cortar y trepar por encima de las alambradas; …
– Saltar por encima del muro con ayuda de utensilios apropiados para ello …;
– Utilización de vehículos para acercarse a la frontera del estado«.

A causa de las conclusiones mencionadas anteriormente, se decidió que debería ser necessario fortificar completamente en un periodo de tempo hasta 1970, la frontera del Berlín Oeste, la cual tenía 161,39 km:

Intento fallido. Los soldados fronterizos detienen en el muro a dos personas al intentar huir.

Ausfertigung 2

Grenzregiment 100
Einheit

A - Stadt den 01.07. 1971

Festnahmeprotokoll Nr. 66 034101 *

1. Angaben zur Person

Herr / Frau / Frl. S c h n e i d e r (Name) — Hugo (Vorname) — --- (geborene)

18. 06. 1937 (Geburtsdatum) — B - Dorf (Geburtsort) — A - Stadt (Kreis)

Schlosser (Beruf) — Netto ca. 660,- M (monatl. Einkommen) — DDR (Staatsangehörigkeit)

B-Dorf, Krügerstr.03 (Wohnort / Straße) — A - Stadt (Kreis) — IV 0336789 (Nr. des Personalausweises)

2. Angaben zum Zeitpunkt, Ort und Grund der vorläufigen Festnahme

Vorläufig festgenommen am 01.07.1971 Uhrzeit 15.00 Uhr

Festnahmeort Seedorf, Mittelstraße 27 / 60 Meter
Genaue Ortsbeschreibung Entfernung von der Staatsgrenze

Wegen Verstoßes gegen das Gesetz § 213 StGB

3. Beschreibung der für die Beurteilung des versuchten oder vollendeten Grenzdurchbruches wesentlichen Umstände (Weg des Festgenommenen, Verhalten vor der Festnahme, mitgeführte Werkzeuge, Waffen, Kartenmaterial, Geldbeträge)

Schneider verließ am 01.07.1971 gegen 12.oo Uhr seine Wohnung in B-Dorf. Er lief von seiner Wohnung aus zur Bus-Haltestelle am Bahnhof B-Dorf. Von hier aus fuhr er mit dem Bus gegen 12.30Uhr bis zur Geschw.-Scholl-Schule in Seedorf. Er bewegte sich nun entlang der Geschw.-Scholl-Straße durch die Mittelstraße in die Martin-Luther-Straße und am Grundstück Nr. 43 in das Grenzgebiet. Von dort beobachtete er die Grenzposten und verließ das Grenzgebiet überdas Grundstück Nr. 41. Er bewegte sich bis zum Grundstück Nr.37, dort in das Grenzgebiet und verbarg sich zeitweilig hinter der dort einzelstehenden Linde. Dann überstieg er einen Maschendrahtzaun, überquerte den Kontrollstreifen im Laufen und unterkroch einen Signaldraht. Hierbei wurde er durch einen Grenzposten der NVA gestellt. Er führte mit: 1 Kombizange, 1 Drahtschere, pers.Papiere und 222,-M.

NVA 18 655 Ag 117/IIa/DDR 67 2000 Bk. IV/31/4 426/006

Se redacta un protocolo detallado de cada detención.

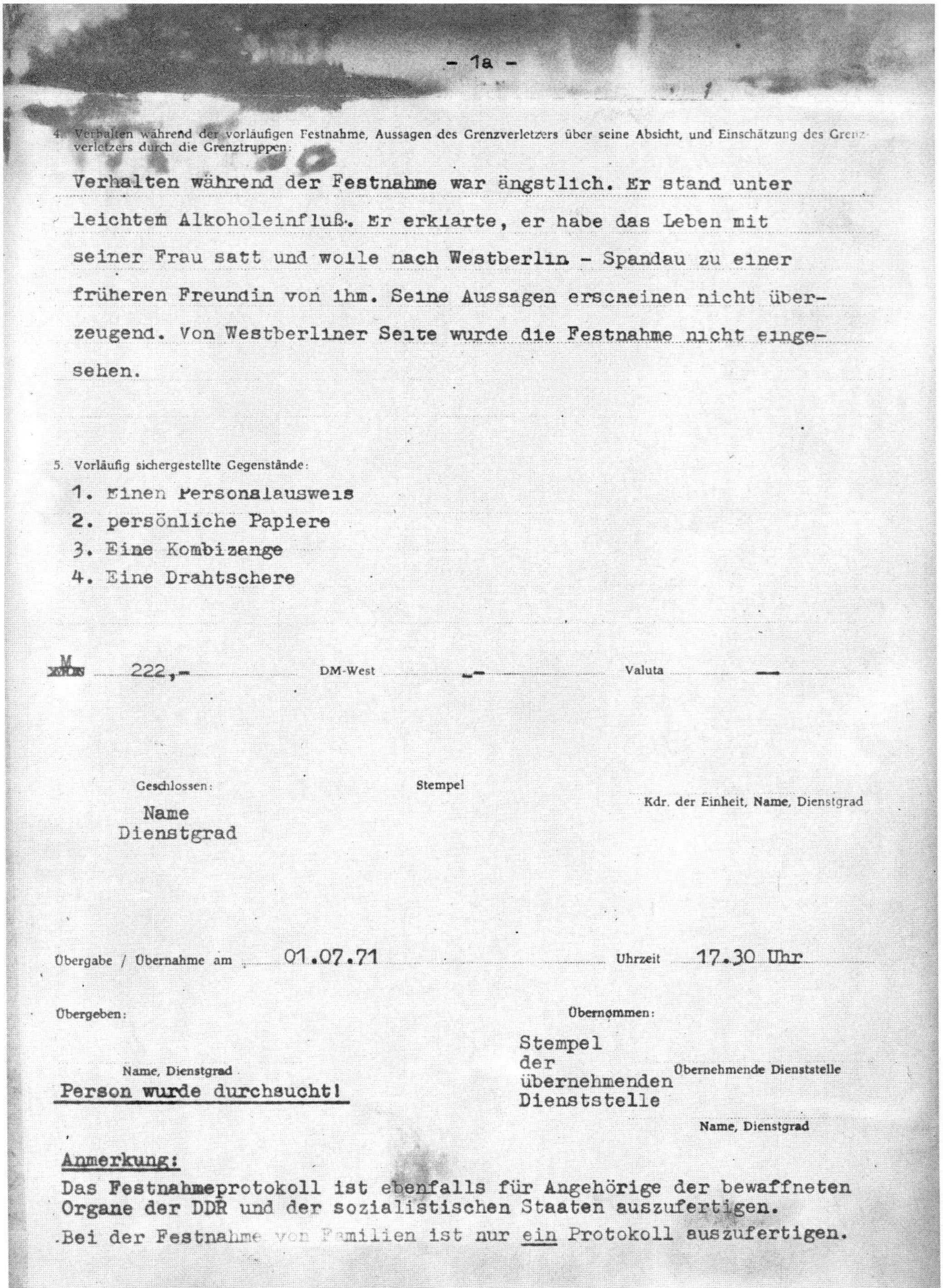

\- 1a -

4. Verhalten während der vorläufigen Festnahme, Aussagen des Grenzverletzers über seine Absicht, und Einschätzung des Grenzverletzers durch die Grenztruppen:

Verhalten während der Festnahme war ängstlich. Er stand unter leichtem Alkoholeinfluß. Er erklärte, er habe das Leben mit seiner Frau satt und wolle nach Westberlin - Spandau zu einer früheren Freundin von ihm. Seine Aussagen erscheinen nicht überzeugend. Von Westberliner Seite wurde die Festnahme nicht eingesehen.

5. Vorläufig sichergestellte Gegenstände:

1. Einen Personalausweis
2. persönliche Papiere
3. Eine Kombizange
4. Eine Drahtschere

M 222,- DM-West -- Valuta --

Geschlossen: Name Dienstgrad

Stempel

Kdr. der Einheit, Name, Dienstgrad

Übergabe / Übernahme am 01.07.71 Uhrzeit 17.30 Uhr

Übergeben:

Name, Dienstgrad

Person wurde durchsucht!

Übernommen:

Stempel der übernehmenden Dienststelle

Übernehmende Dienststelle

Name, Dienstgrad

Anmerkung:

Das Festnahmeprotokoll ist ebenfalls für Angehörige der bewaffneten Organe der DDR und der sozialistischen Staaten auszufertigen.

Bei der Festnahme von Familien ist nur ein Protokoll auszufertigen.

Este protocolo de una detención sirve como material de enseñanza para las Tropas Fronterizas.

1. La amplificación y la modernización del muro.
2. Fortificación de las vallas que formaban las barreras.
3. Barreras elevadas.
4. Barreras para los vehículos (»Escarpe«)
5. Construcción de un camino de paso paralelo a la frontera de 121 km.
6. Iluminación de 151 km. en la frontera .
7. Construcción de 150 torres de observación (»Torres de observación panorámica« del tipo BT 9 u. 11 con un precio de 30 000 marcos de la RDA.
8. Garitas militares.
9. Búnkers para dos personas (254 en total).
10. Delimitación de superficies.
11. 130 km de barreras de señalización.
12. Unos100 km de valla metálica.
13. 52,54 km de vallas desplegadas de metal.
14. 271 Servicios sanitarios.[22]

El coste de estas instalaciones, totalmente realizables ascendía a unos 36,98 millones de marcos de la RDA, unos 224 000 marcos por kilómetro.

Esta proposición se convirtió en acción y a partir de 1968 se pusieron en práctica las medidas más generales de este proyecto. Fundamental era la construcción del muro de la »tercera generación« a base de planchas de hormigón industrial con ranuras horizontales en las que se instalaron tubos y a manera de barrera adicional, a partir de 1971, sobre él una vallas de pinchos »valla fronteriza I« de 2,9 m de alto.

Durante los años setenta se ampliaron las líneas fronterizas para así poder alargar cada vez más las barreras hacia el interior y separar el muro todo lo posible de aquellos que querían huir. A partir de 1974 las Tropas Fronterizas de la RDA construyeron el denominado muro interior con »vallas de señalización fronteriza 74«, precisamente aquí, a unos 50 o 70 m. antes del »muro«, »terminaba el mundo« para los berlineses del oeste. Lo que en el oeste se denominaba como muro, era para los del este el último obstáculo, tal y como se decía en el argot militar, no lo vieron hasta 1989. Cuando los berlineses del oeste y los del este hablan sobre el muro tienen en sus mentes dos imágenes muy diferentes.

EL MURO ES TRANSITABLE

El convenio para los salvoconductos

»El muro tiene que desaparecer«, esta era la máxima de la política del Berlín Oeste en los primeros meses de la división de la ciudad. Pero ¿Como era posible conseguirlo durante la guerra fría que se había intensificado en 1962 con la crisis de Cuba?

En 1961 los discurso de Willy Brandt tenían un tono nuevo: hay que hacer todo lo necesario para que »el muro, mientras exista, sea transitable« y con ello se pronunció la palabra clave: transitable.

Se comenzó con la política de »los pasos cortos« que hizo que el oeste tuviera que ceder bastante para lograr aliviar a la población. También »la otra parte« se decía en el oeste, tiene que hacer concesiones en este laboriosos proceso.

El primer convenio para los salvoconductos se realizó en septiembre de 1963, en el curso de unas negociaciones muy complicadas en las que sobre todo se trataron cuestiones de estado. Se acordó la emisión de un salvoconducto detallado: los trabajadores de correos de la RDA recibían las solicitudes del Berlín Oeste, se elaboraban en el Berlín Este y luego se distribuían en doce escuelas y campos de deporte del Berlín Oeste. Delante de los puntos donde se recogían los salvoconductos se formaban largas colas, en las que con lluvia o nieve esperaban impacientes cientos de personas para poder

Acuerdo para los salvoconductos de las Navidades de 1963:
Encuentros con lágrimas en la estación de la Friedrichstraße.

recoger su permiso de paso. Nadie se lo podía creer, pero había llegado el momento. Después de dos años era posible para los berlineses del oeste visitar a sus amigos y parientes en el este. Se produjeron encuentros muy emotivos. Con un permiso especial hasta era posible para los del oeste llevar su coche; una imagen muy inusual en las calles del este.

Los funcionarios de la RDA para poder superar la avalancha de visitantes, habían construído una gran cantidad de casetas en los cinco puntos de paso fronterizo, entre ellos en la estación de Friedrichstraße y en Oberbaumbrücke. Llamó la atención la correcta, e incluso educada intervención de los controladores fronterizos; periodistas americanos lo definieron como una »campaña de bienvenida para vosotros, los berlineses del oeste«: »Los puestos fronterizos demostraron que el paso de la frontera puede realizarse con rapidez y sin problemas.« En otros informes se decía: »Los puestos fronterizos habían realizado una apuesta para ver quien ganaba en amabilidad«.

Las posibilidades de visita estaban muy limitadas, del 19 de diciembre de 1963 hasta el 5 de enero de 1964. En esas dos semanas se emitieron 1 242 800 salvoconductos que permitían el paso durante ese periodo de tiempo. Se podía viajar desde las 6:00 horas de la mañana hasta las 24:00 horas de la noche y había que cambiar 10 DM con el mismo curso.

La política del oeste de los »pasos cortos« que exigía respirar hondo y ser resistente a la frustración estaba dando sus primeros frutos. Por lo menos por un par de días se hizo la frontera transitable aunque solamente fuera en una dirección.

El Ministerio de Seguridad del Estado del este era el que llevaba la batuta en la puesta en práctica del segundo convenio de salvoconductos para las Navidades de 1964, con el nombre »acción huésped«, reglamentaron el Stasi, el Ministerio del Interior y el Ministerio de Telecomunicaciones con exactitud los permisos de visita, desde la expedición de los formularios hasta la evaluación de los mismos. Varios voluntarios no oficiales deberían averiguar con anterioridad el »estado de ánimo entre las fuerzas movilizadas« y , el efecto de los intentos de desmoralización que provenían del oeste.

Se realizaron un total de cuatro convenios de salvoconductos, el último en Pentecostés de 1966. Otros intentos fracasaron debido a las exigencias del Berlín Este, que el Senado no podía aceptar por cuestiones de estado. El este se cerró de nuevo a los habitantes del oeste, no obstante hasta 1964 se mantuvo abierto un »punto de paso para casos familiares urgentes«, permiso de paso en caso de nacimientos, bodas, enfermedades mortales y muertes de familiares cercanos.

Los que pueden pasar la frontera

También estas personas creaban la imagen política del muro: había diferencias. Desde el comienzo, grupos específicos de personas podían pasar la frontera. La frontera era insuperable para los habitantes del Berlín Este, los del resto de la RDA y los de los otros países del bloque del este y, durante algunos años también para el los habitantes del Berlín Oeste. Extranjeros , el resto de los alemanes , al igual que los militares del oeste podían acceder por los puestos fronterizos también al Berlín Este.

Para los diplomáticos acreditados del Berlín Este, el paso de la frontera no resultaba un impedimento. Algunos de ellos utilizaron ésta posibilidad para conseguir unos ingresos extras gracias al contrabando. Hasta entrados los años setenta, se calcula que alrededor de 2 000 personas pasaron la frontera escondidas en los maleteros de coches diplomáticos, delante de los ojos de los controladores del Ministerio de Seguridad Interior, los cuales sospechaban tales acciones pero debido a la inmunidad diplomática no podían realizar un examen completo de los vehículos.

A mediados de los años setenta, la frontera ya no era intransitable para algunos actores, músicos y escritores de la RDA, entre los privilegiados estaban Jurek Becker, Rolf Schneider, Heiner Müller. El gobierno de la RDA también estaba interesado en la entrada de divisas gracias a estos artistas denominados, incómodos, para el oeste.

Una persona que día tras día pasaba la frontera era Friedrich Kittlaus, el cual desde 1949 ocupaba el puesto de oficial mayor de los ferrocarriles aéreos, y aunque el SED le consideraba políticamente de poca confianza, su experiencia profesional era imprescindible. Por lo tanto Kittlaus, diariamente se dirigía desde su vivienda en el Berlín Oeste a la frontera conducido por un chofer, y sin ser controlado en su coche oficial, de allí se dirigía a su oficina. En el Berlín Este.

Pero no solamente Kittlaus, otros trabajadores del ferrocarril aéreo pasaban el muro con regularidad para reparar los raíles o para arreglar las señales. Por supuesto las personas que podían ir a trabajar al Berlín Oeste habían sido elegidas meticulosamente: sin familia en el oeste, sin antecedentes, en lo posible padres de familia. Se debía rellenar un formulario de diez hojas sobre »la lealtad a la clase trabajadora al partido y al gobierno«. Los elegidos recibían un carné para ese »trabajo especial« a realizar y tenían que informar de su regreso a una hora determinada en la estación de Friedrichstraße, si no lo hacían, se pondría en marcha inmediatamente una orden de »búsqueda interna«.

Estaciones de tren fantasmas

La atravesada geografía de la ciudad dividida provocaba que un tren aéreo del oeste y dos líneas de metro atravesaran el Berlín Este. Inmediatamente después del cierre de la frontera, se clausuraron las estaciones

Muy cargados, los visitantes del Berlín Oeste se dirigen a sus parientes en Oberbaumbrücke.

que quedaban situadas en la zona este, al principio lo hicieron con rejas de hierro y mas tarde en gran parte las emparedaron. Como si fueran testigo de un pasado remoto en las calles del Berlín Este permanecieron los carteles de señalización y el enrejado de las escaleras. El »muro« ya comenzaba aquí para los berlineses del este, en la entrada cerrada a la estación del tren aéreo. La circulación de los trenes aéreos se mantuvo en la zona oeste de la ciudad.

La mayoría de los viajeros del oeste, no se encontraban a gusto al ver la luz amarillenta de las estaciones del Nordbahnhof, Oranienburger Straße, Unter den Linden, Potsdamer Platz. En los propios vagones se bajaba la voz al pasar a velocidad moderada por estas »estaciones de tren fantasmas« débilmente iluminadas. Donde antes la vida latía, ahora solo quedaban estaciones muertas, bancos y fachadas oxidados. El muro había hecho que aquí se parara el tiempo.

En algunos puntos todavía se podían ver las advertencias y los carteles publicitarios del verano de 1961; »jabón de tocador Riwa«, »Agencia de servicios técnicos al por mayor«, »dirección Stalinallee-Lichtenberg«, »dirección Bernau«. Pero no había más conexiones. Borroso, se reconocía a los soldados fronterizos con las armas colgadas de los hombros mientras pasaban los trenes.

Por debajo del Berlín Este existían 15 de estas »estaciones fantasmas«. Las Tropas Fronterizas y la policía se encargó del aislamiento de seguridad, para lo que fue necesario superar algunas barreras. Un oficial de las Tropas Fronterizas comentaba »las medidas de seguridad« en este sector: »Nuestros puestos estaban en algunas estaciones como en la Potsdamer Platz, y conforme al reglamento, emparedados. De pié en el andén, dentro de un muro con ranuras para poder ver. En la parte interior para evitar que hubiera desertores y estuvieran expuestos a provocaciones en el caso de que

Puestos de observación con rendijas para mirar en la »estación fantasma« de la Potsdamer Platz.

parara uno de los trenes y se bajara algún borracho.. Ningún guardia podía moverse de su puesto sin pasar inadvertido. Pero esta era la situación en los años ochenta. Al principio, los guardias caminaban por el andén, y no estaban en el búnker ... al principio siempre eran seis y luego solo eran dos los que tenían que vigilarlo todo.«[23]

El ex comandante Helmut H. Informa sobre la vigilancia en la estación de Potsdamer Platz: »En la estación uno podía perderse y de vez en cuando se arrojaban artículos desde los vagones, botellas y toda clase de cosas. Nos escondíamos detrás de las columnas o nos quedábamos dentro de las habitaciones cerradas y teníamos que recoger todo lo estaba en el suelo. Los soldados veían como viajaba la gente de otro mundo ... El que uno tenga que esconderse en un nicho cuando pasa el tren es un sentimiento muy peculiar.«[24]

La estación Friedrichstraße

El muro creó una atmósfera pesada y de acoso impenetrable. Uno se sentía acosado por un peligro indefinido, abandonado al control y a la merced de un estado desconfiando y enemigo. Así era en la estación de la Friedrichstraße, punto de conexión de metro, tren aéreo y trenes de lejanías.

Aquí el »muro« se levantaba entre dos andenes. Una valla de metal dividía la zona desde la que viajaban los trenes hacía el oeste (andén B) y la de trenes de lejanías (andén A) de la de los trenes hacía el este (andén C). Para los berlineses del este esta era la »última estación, todos tenían que apearse, el tren viajaba de nuevo a Erkner«. En 1982 se reemplazó la valla metálica de 3 metros de altura por un muro de acero que llegaba hasta el tejado del andén. En los andenes del tren de lejanías había pintada una línea blanca : »¡Permitido el paso solamente cuando se ordene!« Los guardias vigilaban cualquier movimiento.

Los visitantes del oeste perdían fácilmente la orientación en la maraña de pasillos, escaleras, pasos de frontera y pasajes escondidos. Incluso a las autoridades fronterizas de la RDA les resultaba difícil en este laberinto mantener una visión de conjunto.

Era una verdadera carrera de obstáculos la que tenían que vencer los visitantes en sus viajes de entrada y salida, siempre observados por los guardias fronterizos y, desde el comienzo de los años ochenta, también por cámaras. Al entrar en la »zona de expedición« se clasificaba a personas en »ciudadanos del Berlín Oeste«, »ciudadanos del Berlín Este« y »ciudadanos de otros países«. Con envidia se veía desaparecer de vez en cuando a una persona con paso rápido en el recodo para los »diplomáticos«.

Del control de pasaportes y de carnés de identidad se ocupaba el Ministerio de Seguridad del Estado, llamado en los puestos del paso de la frontera (»GÜST«), en definitiva, el Stasi, al cual estaban subordinadas las unidades allí dispuestas para realizar el control de pasaportes, además de ocuparse de la observación de toda la circulación de entrada y salida de la frontera tanto en el área del muro como en el interior.

La estación de Friedrichstraße siempre estaba en obras, continuamente se realizaban modificaciones, se emparedaba una puerta o se construía un nuevo paso para perfeccionar el control de entrada y salida de pasajeros.

Y había algo en la estación del Berlín Este que a muchos berlineses del oeste les gustaba: »La Intershop«. Para su comodidad estaba ubicada en el andén de la línea del oeste y, donde mientras se esperaba al siguiente tren, se podían comprar cigarrillos y aguardiente a un precio muy barato (libre de impuestos) y sin casi riesgo alguno ya que primero controlarían en las estaciones de la zona oeste. Se desarrolló un verdadero turismo de »cigarrillos y aguardiente«; era insólito la línea entre la Lehrter Stadtbahnhof (oeste) y la Friedrichstraße transportaba a muchos pasajeros. Para la RDA suponía un negocio perfecto, vendía productos baratos del este y recibía marcos de la Alemania del oeste.

A partir de 1962 había que dirigirse para la expedición de documentos para los viajeros al antecuerpo de un edificio construído para ello en la estación de la Friedrichstraße, pero a pesar de todo las colas de espera llegaba hasta mas allá de la estación. Recibió el adecuado apodo de »el palacio de las lágrimas«, era como la arquitectura de la RDA por fuera luminosa, sin embargo por dentro, oprimida y estéril.

La nueva política del Este: El acuerdo de las cuatro potencias

En octubre de 1969 Willy Brandt , el primer Canciller Federal socialdemócrata, subió al púlpito para pronunciar el discurso de declaración, sería un momento histórico: »atreverse a más democracia« así rezaba el lema del gobierno social liberal hacia el interior; hacia el exterior querían decir »reconciliación con el este«. En el orden del día figuraba desarrollar una nueva »política con el este«.

También en los otros puntos del mundo se estaban despejando las nubes del cielo. En Moscú en octubre de 1964 Leonidas Breschnew había derribado a Nikita

Control de pasaportes en las catacumbas de la estación de la Friedrichstraße.

Chruschtschow. Esto no significaba una liberalización para la Unión Soviética, pero Breschnew aspiraba a una política exterior más calmada. Todos los indicios apuntaban hacia una relajación. El ministro americano Richard Nixon viajaba a Pekin y a Moscú. En 1969 las dos grandes potencias comenzaron a negociar sobre el control de armamento. También en Berlín tenía que volver a reinar una cierta normalidad. Los adversarios en la guerra fría se mostraban cansados de disputar por la ciudad dividida, era posible arreglarse con un Status Quo.

En marzo de 1970 los embajadores de USA, Inglaterra, Francia y Rusia comenzaron a negociar en Berlín Schöneberg. Tenían que dejarse a un lado las constantes querellas por las cuestiones del estado y por el control en los puntos de paso. A puerta cerrada se luchó mucho pero con el deseo de llegar a un acuerdo, y esto la diferencia de las otras negociaciones sin fruto del pasado.

El 3 de septiembre de 1971 se firmó el acuerdo de las cuatro potencias.

Sobre todo para los berlineses del oeste supuso un gran alivio, unido a el acuerdo de tránsito firmado posteriormente. Después de seis años era de nuevo posible visitar el Berlín del este. Como consecuencia del acuerdo de las cuatro potencias, el Berlín Este y el Senado del Berlín Oeste negociaron un regulación de visita ilimitada. Los berlineses del oeste pueden, a partir de ahora, viajar al este un total de 30 días a través del paso fronterizo en el cual anteriormente hayan realizado una solicitud; no obstante tenían que volver a las 24:00 horas. A partir de julio de 1982 a las dos de la madrugada.

En 1984 el número de días permitidos de visita aumentó a 45, en 1988 se permitía la estancia en el Berlín Este de dos días seguidos con derecho a pernoctar y se podía elegir dónde se quería pasar la frontera, (a excepción del Checkpoint Charlie), a pié, en el tren aéreo, en el metro, o en coche.

En breve descubriría la RDA una posibilidad de ganancia, el que los visitantes que entraran en el Berlín Este pagaran impuestos: el precio del »cambio mínimo«, los berlineses del oeste lo llamaban cambio obligatorio y se explotó esta posibilidad cada vez más ya que los visitantes aumentaban. En 1972 por persona había que pagar 5 DM con el mismo cambio. En 1980 se subió a 25 DM lo que provocó una disminución en el número de visitantes: de los 3,03 millones en 1979 a 1,5 millones en 1981. Desde que el »acuerdo sobre el alivio y la mejora del tránsito de visitantes« entró en vigor en junio de 1972, visitaron la parte este de la ciudad entre 3,38 millones (1976) y 1,5 millones (1983).

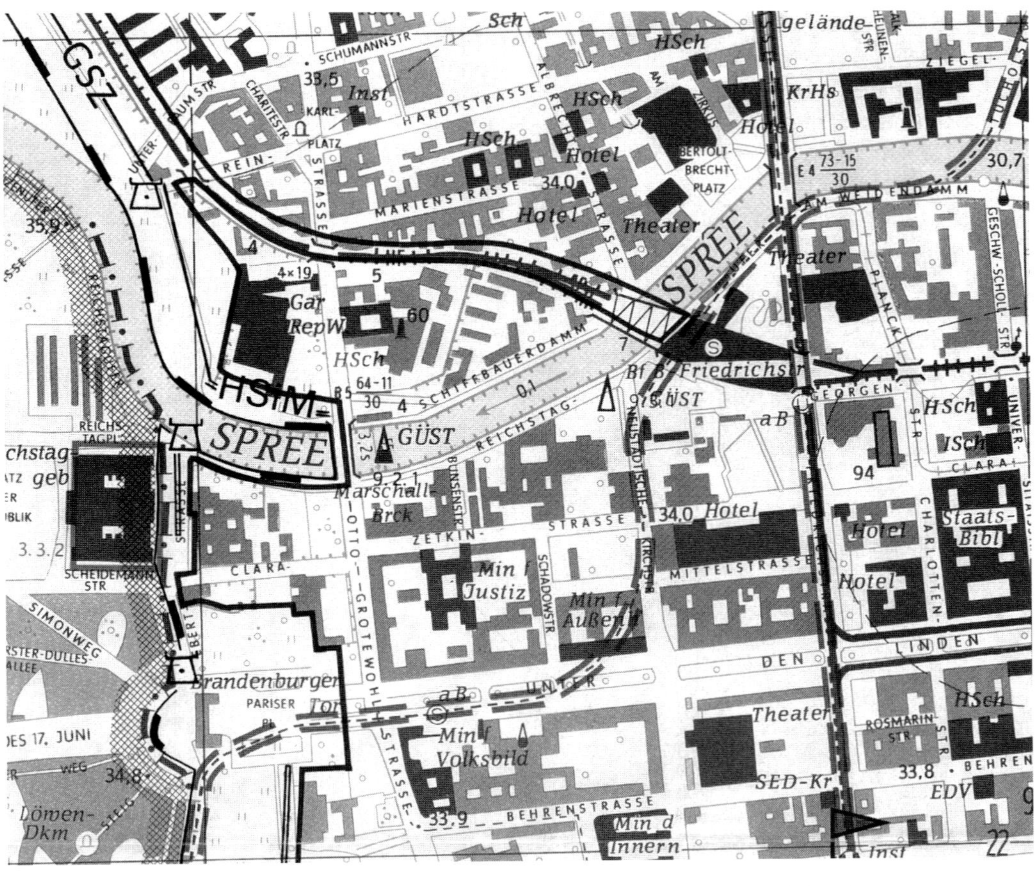

Mapa de las Tropas Fronterizas en el área de La Puerta de Brandenburgo.
GSZ (»Grenzsicherungszaun« valla de seguridad fronteriza); HsiM (muro fronterizo posterior).

EL REARME EN LA FRONTERA

»Necesita pocos arreglos y tiene un diseño elegante« – El muro fronterizo 75

La RDA reforzó las medidas de seguridad fronteriza mientras mejoraba, con dificultad pero sin interrupción, la política de relajación entre el este y el oeste. Las condiciones de vida de los berlineses mejoraron con el acuerdo de las cuatro potencias de 1971, el contrato fundamental de 1972 y con la ratificación del acta de Helsinki, en la que los estados del bloque del este se comprometían a respetar los derechos humanos.

En mayo de 1974 la dirección de la Tropas Fronterizas dio la orden de desarrollar un nuevo tipo de muro. El paso del muro tenía que ser imposible y también había que pensar en la imagen que daba la frontera: »La imagen exterior del muro tiene que cumplir las exigencias correspondientes para la construcción de la frontera del estado en el sector de la capital de la RDA.«

Gracias a la ampliación y al perfeccionamiento de las instalaciones fronterizas, el aislamiento era aún mayor al mismo tiempo que el repugnante carácter militar se difuminaba en una frontera »estéril«, en la que en la medida de lo posible no ocurrirían »contratiempos«. En las actas de las Tropas Fronterizas siempre se repite la orden de crear un régimen fronterizo que no le otorgue al »enemigo« la oportunidad de »difamar a la RDA«.

El nuevo muro tenía unos 3,60 m (tipo UL 12.41 o 12.11) o 2,40 m de altura (tipo UL 8.21). Los segmentos de hormigón sin ranuras de 15 cm de grosor y de 1,20 m de ancho, no podía romperse incluso utilizando vehículos pesados e introducido 2,10 m en la tierra, a manera de »pié« contrafuerte era muy estable. Reptar por debajo del muro era imposible, tampoco lo era pasar por encima con ayuda de escaleras debido a su altura y a los tubos de hormigón con amianto de 40 cm de diámetro. Estaba planeado pintar

En 1966 se construye en la Potsdamer Platz en »muro de tercera generación« con piezas enteras de hormigón.

una línea blanca homogénea, la frontera tenía que ser higiénica y limpia, »cumplir las exigencias correspondientes … en el sector de la capital de la RDA«.

En 1976 se comenzó con la construcción por etapas del muro fronterizo 75 en Berlín y desde este momento quedó grabada la imagen del muro. Hasta 1989 se instalaron un total de 45 000 bloques de hormigón alrededor del Berlín Oeste a un precio oficial de 359 marcos de la RDA. Al mismo tiempo, se retiraron elementos en la zona interior de la ciudad que causaban un efecto marcial como por ejemplo elevaciones de hormigón a manera de barrera, o »superficies delimitadas« (vallas de metal con púas en el suelo), para intentar dar una buena imagen política de la capital de la RDA, sobre todo en las zonas donde acudía el público, en La Puerta de Brandenburgo y la Leipziger Straße.«[25]

»El orden y la limpieza« era un asunto que incumbía a las Tropas Fronterizas. El comandante Baumgarten consiguió denominar al »muro 75« en un papel oficial como »necesita pocos arreglos y tiene un diseño elegante«.[26]

La ampliación de las instalaciones fronterizas se realizaron en fases correlativas, los elementos viejos no se retiraron de una vez y fueron remplazados por los nuevos, sino que permanecieron durante años a pesar de que el »siguiente tipo« de muro ya se había instalado. El muro de Berlín nunca tuvo una imagen homogénea. En 1990 las tropas que realizaban el desmontaje de las instalaciones fronterizas, arrojaron también al suelo columnas de hormigón del año 1961.

En 1981 la frontera en la ciudad de Berlín contaba con los siguientes elementos:
- muro fronterizo 75 (20,1 km)
- muro fronterizo (Placas, 6 km)
- vallas fronterizas 83 (10,4 km)
- vallas de señalización (33,3 km)
- zanjas para impedir el paso de vehículos (22,5 km)
- 18 000 bloqueos de superficie (alambradas metálicas sobre el suelo con pinchos verticales)
- muro en el espacio posterior (27,2 km)
- vallas en el espacio posterior 82,8 km)

Vista aérea de la frontera entre los barrios de Mitte y Kreuzberg, delante la iglesia de Santo Tomás.

Para vigilar la frontera se patrullaba continuamente, lo hacían dos soldados fronterizos, que controlaban en intervalos irregulares las »zanjas de la muerte« y el espacio posterior del muro. Para aquellos que quisieran huir era imposible informarse sobre el ritmo de los controles.

En esta etapa de construcción, se intensificó a propósito a mediados de los años setenta la »orden de disparar«. Honecker, el nuevo jefe del SED que había sustituido a Walter Ulbrich en mayo de 1971, en una sesión del Consejo Nacional de Defensa dio la orden expresa de: »Al igual que antes, en caso de intento de pasar la frontera ilegalmente es necesario, sin tener consideración, hacer uso de las armas de fuego y hay que elogiar a los soldados que hayan utilizado sus armas con éxito.« El elogio consistía en unos dias de permiso especial y un premio en metálico de 150 a 500 DM.

Las Tropas Fronterizas de la RDA

Siguiendo las instrucciones del Consejo Nacional de Defensa se crearon el 15 de septiembre de 1961, cuatro semanas después de la construcción del muro con el personal de la »Policía Fronteriza Alemana« las »Tropas de la Frontera de la RDA«. Eran fuerzas de ejército que estaban subordinadas al Ejército Popular y al Ministerio de Defensa con sede en Strausberg. La Policía Fronteriza estaba a la vez subordinada al Ministerio del Interior.

A mitad de los años sesenta, las tropas fronterizas contaban en la RDA con 10 brigadas, cada una de dos o tres regimientos. En la frontera con el Berlín Oeste estaban estacionadas tres brigadas, en el interior seis y en el Mar Báltico la »sexta brigada fronteriza de la costa«. Hasta el comienzo de los años setenta, las Tropas Fronterizas estaban provistas de carabinas, pistolas y fusiles de repetición, granadas y también de armas pesadas como tanques del tipo T34/85, cañones antiaéreos, cañones antitanques y lanzagranadas.

Este armamento era el necesario para detener la »orden de ataque« según la propaganda, un posible ataque del »enemigo imperialista« del oeste. Todo este armamento en la frontera se justificaba ante las tropas como »protección antifascista«; al igual que el entrenamiento de combate y el escenario de maniobras militares. En Berlín y sus alrededores se entrenaron a Las Tropas Fronterizas para la lucha callejera. Y en las cajas fuertes de las comandancias de las Tropas Fronterizas se encontraban planos detallados sobre la ocupación del Berlín Oeste. Incluso se había pensado en la creación de campos para refugiados y »custodiar a las fuerzas enemigas« y existía una medalla especial para premiar las »acciones heroicas« durante la toma del Berlín Oeste.[27]

Después de que en la RDA se introdujera el servicio militar obligatorio en junio de 1962, cada vez más se utilizaba a los recientes soldados para vigilar la frontera. Se tenía en cuenta el que los reclutas no tuvieran familiares u otros contactos en el oeste. Durante los primeros meses después de la construcción del muro existía entre los dirigentes de las Tropas Fronterizas de la RDA varios motivos de descontento y preocupación. La »conciencia de clase« de muchos miembros de las Tropas Fronterizas dejaba, a los ojos de la dirección del SED, mucho que desear.

A finales de 1963 se intentó arreglar esta situación con un grupo de medidas que abarcaban desde oportunidades de ascenso, mayor sueldo, premios y sistemas de gratificación, hasta una instrucción más intensiva y represiones. El Ministerio de Seguridad del Estado había colocado en todas las unidades de las Tropas Fronterizas »colaboradores no oficiales« para observar la ideología política y descubrir posibles intentos de fuga. Incluso en la planificación del personal, como por ejemplo en la elección de las patrullas, el Ministerio de Seguridad del Estado contaba con colaboradores y creaban allí la »administración 2000« con una participación decisiva. Este sistema de espías se mejoraba constantemente, de tal manera que en los años ochenta por cada diez soldados había un informante del Stasi. También una de las tareas del Stasi en las Tropas Fronterizas de la RDA era la de introducir espías en la República Federal.

A partir de noviembre de 1974, las Tropas Fronterizas oficialmente ya no pertenecían al Ejercito Popular Nacional, pero estaban sometidas al Ministerio de Defensa Nacional. Con esta división formal, la RDA quería lograr que no se hablara de las Tropas Fronterizas en las negociaciones de Viena de 1973 sobre limitación de armamento.

No resultaba nada fácil motivar a las Tropas Fronterizas para que realizaran su servicio en el muro. Oficialmente se definía la frontera como »protección antifascista« en contra del »enemigo« en el oeste, todas las barreras estaban dirigidas en realidad para evitar que se huyera del este. Los soldados y los oficiales tenían que enfrentarse a esta contradicción y estar preparados y ser capaces de disparar, en caso de que sea necesario. Por ello el aleccionamiento político e ideológico era de central importancia dentro del régimen fronterizo. Se enviaban a propagandistas expertos para »reforzar ideológicamente« en la frontera empezando por Karl-Eduard von Schnitzler (conocido moderador de un programa en la televisión de la RDA), el cual con mucho ahínco intentaba aclarar la necesidad del muro.

En las Tropas Fronterizas se necesitaba una especie de »armamento interior«, poseer un mundo ideológico político y una imagen clara del enemigo basada en los fundamentos marxistas y leninistas. El mayor enemigo era el »imperialismo internacional«, es decir los países del oeste. »Mientras exista el imperialismo, el irreconciliable enemigo dirigirá su política en contra del socialismo.

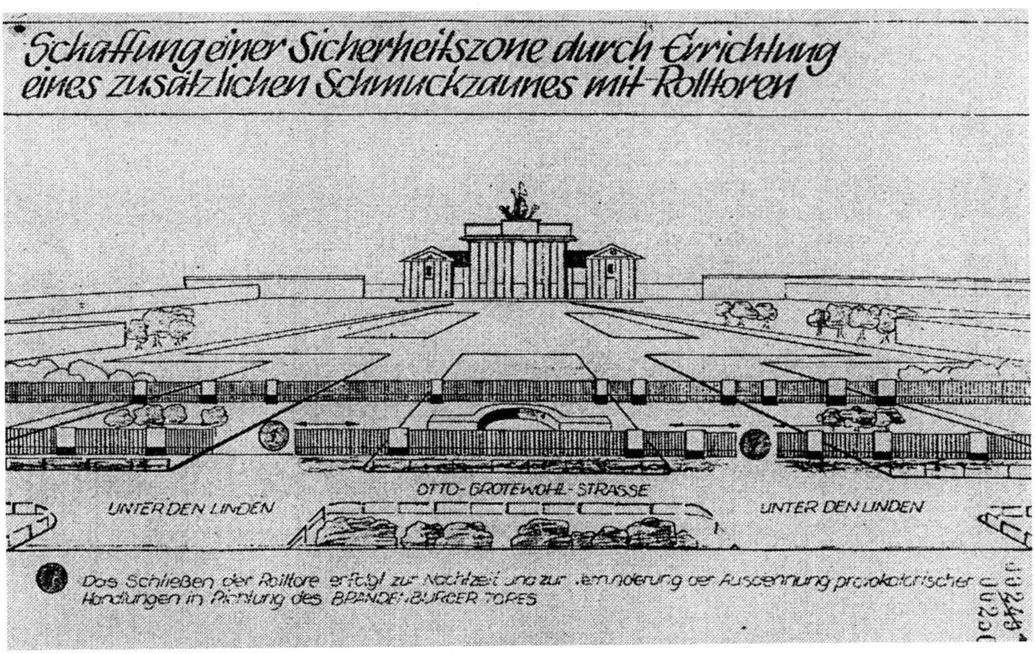

»Orden y limpieza«: Esbozo de la RDA de la nueva estructuración de la Pariser Platz en 1983.

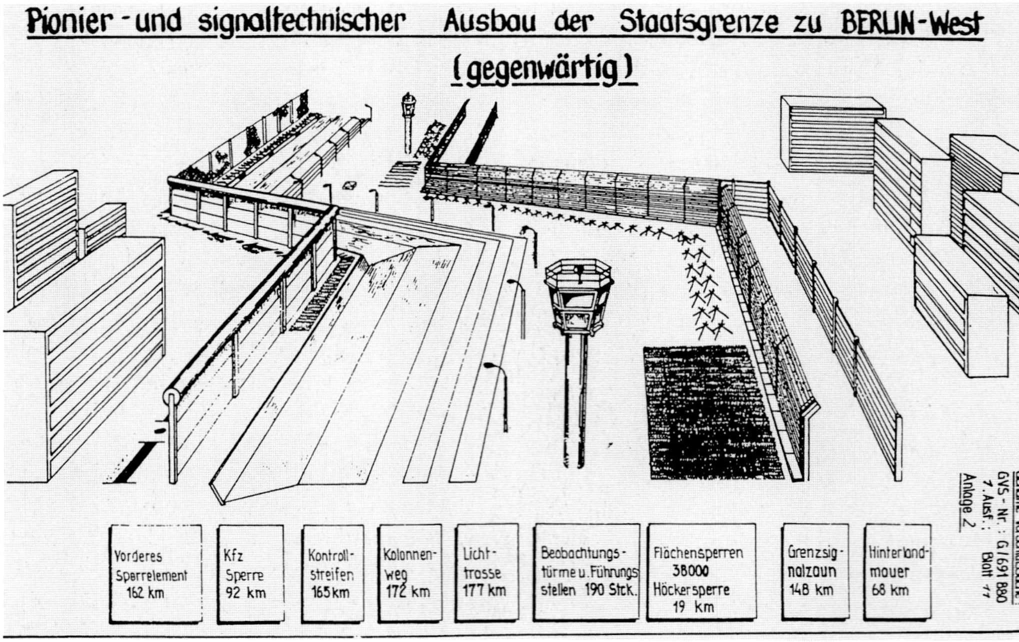

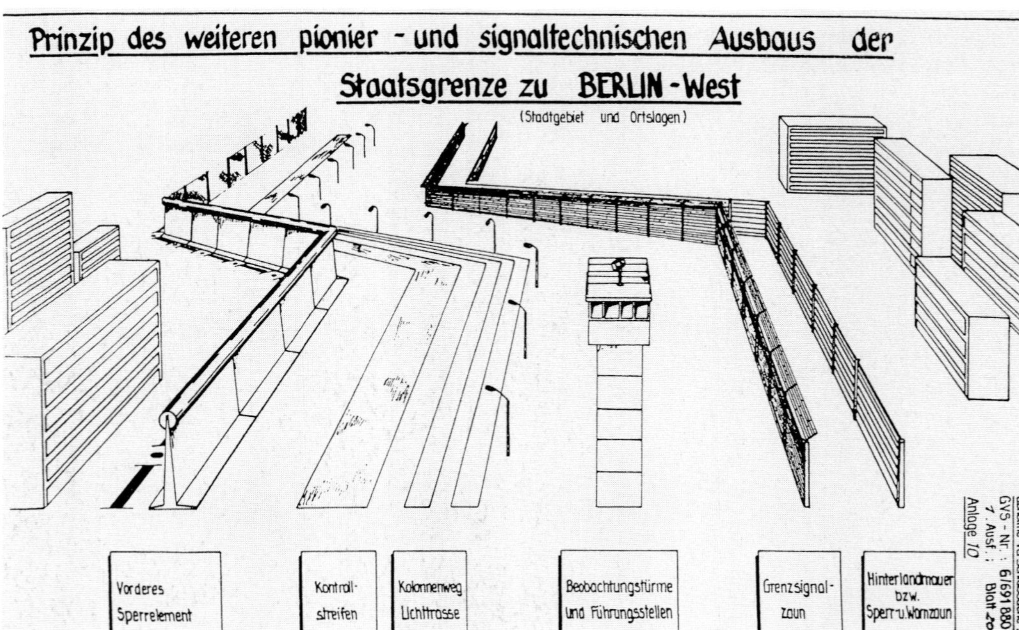

Esquema de las Tropas Fronterizas de la situación de las instalaciones fronterizas a mitad de los años setenta y planificación de nuevas instalaciones. Algunos elementos se retiraron, la línea fronteriza se hizo en definitiva »más visible«.

Ausbau der Staatsgrenze der DDR zu BERLIN(WEST) mit neuen Grenzsicherungs-anlagen im Stadtgebiet der Hauptstadt der DDR - BERLIN -
Stand: 05.07.1985

Geheime Verschlußsache!
GVS-Nr. G 694 545
1. Ausfertigung, Blatt 9/kj.

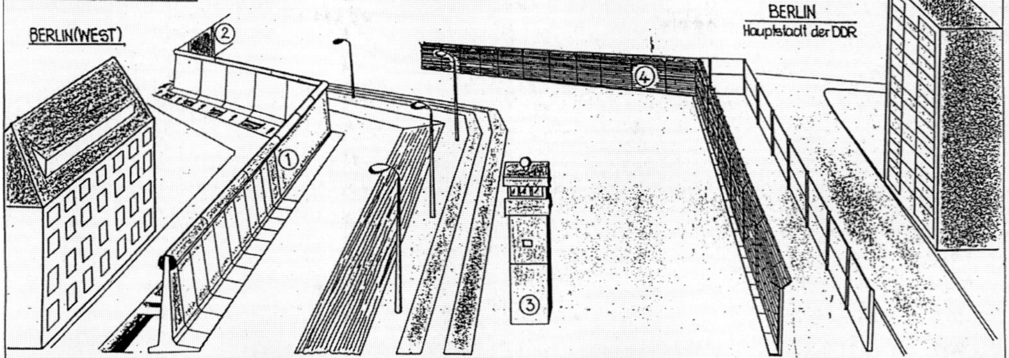

NEUBAU / REKONSTRUKTION								
Pos.	GSiA	ME	AUFGABE 1983-85	1986-90	Ges.	ERFÜLLUNG 05.07.85	%	vorges. Abschl.
①	Grenzmauer 75	km	6.4	4.0	10.4	5.1	79	1987
②	Grenzzaun I/83	km	0,3	8.4	8,7	4.34	54	1986
③	Beobachtungst.	St	40	7	47	40	100	1986
④	Grenzsignalzaun 83	km	6.0	30,9	36,9	3.2	53	1986

ABBAU								
Pos.	GSiA	ME	AUFGABE 1983-85	1986-90	Ges.	ERFÜLLUNG 05.07.85	%	vorges. Abschl.
⑦	Höckersperre	km	9.0	7.4	16,4	6,6	73	1986
◯		St.	8100	6700	14.800	5940	73	1986
⑧	Flächensperren	St.	18800	-	18800	-	100	1984
⑨	Postenhäuser	St.	45	-	45	38	84	1985

Grenzsignal- und Sperrzaun I

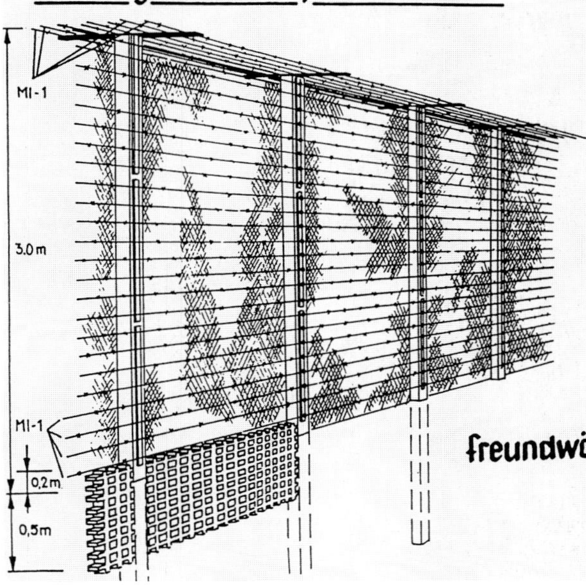

Betonzaunsäulen 4,50 m
Streckmetall
Stacheldraht Chrom-Nickel
Wildabweisung
Unterkriechschutz

Kosten / km ca. 235 TM (Neubau)
bei teilweiser Wiederverwendung von
Material ca. 180 TM

freundwärts

Geheime Verschlußsache!
GVS-Nr.: G/691 880
1. Ausf.: Blatt 13
Anlage 4

Planos de las Tropas Fronterizas con las novedades a realizar en 1985, elementos innovadores, alambradas con sistemas de alarma que después del »muro posterior« forman el segundo bloqueo.

Siempre se esforzará en intentar perforar nuestro fuerte sistema fronterizo, traspasar la frontera del estado, realizar ataques provocativos y cuando le parezca que ha llegado el momento, provocar una agresión abierta.« Esta evaluación sacada de una »ayuda de argumentación« para oficiales con función de aleccionamiento político de 1971, se nutre de todas las posibilidades de formación política para las Tropas Fronterizas. En las normativas de 1975 sobre aleccionamiento encontramos: »Resulta más efectivo desenmascarar la esencia reaccionaria y la agresiva política del imperialismo para formar en todos los miembros de las Tropas Fronterizas una marcada imagen de clase de enemigo«.

Fotografía de las tropas Fronterizas: Vigilancia en el servicio nocturno.

Hacia el interior, con respecto a los »enemigos del sistema« y a los que »huyen de la república«, también se definió una clara imagen. A los que huían se les declaraba en las publicaciones oficiales de las Tropas Fronterizas como »delincuentes« y »traidores« para reducir la barrera psicológica en los puestos fronterizos a la hora de utilizar armas de fuego. Un intento de huida en el que se produjera un enfrentamiento entre las Tropas Fronterizas y los que quería huir, se definía a menudo como »combate«, como si ambos estuvieran en una situación de guerra, en la que se sobreentiende el uso de las armas.

En junio de 1971 el comando fronterizo de Mitte dirigía este saludo al VIII congreso del SED: »Nosotros demostramos con gran rendimiento – nuestra confianza en la clara meta política del SED ... nuestro odio por el imperialismo y sus mercenarios ... «[28]

El odio era el motivo primordial de la formación política. Odio no solo en contra del imperialismo del oeste, el enemigo de la »clase trabajadora«, sino también odio a sus »mercenarios«, entre los que se encontraban los que »huían de la república« y los que intentaban »violar la frontera«. Baumgarten, jefe de las Tropas Fronterizas, en un discurso con motivo del 35 aniversario de las Tropas Fronterizas en noviembre de 1981 hablaba de »desprecio y odio ... a todos los elementos sin escrúpulos ... que ponen en juego el futuro de la humanidad por beneficios imperialistas e intereses de poder.«

Los héroes caídos: Se rinde culto a los soldados fronterizos muertos a tiros

27 soldados fronterizos en el muro o en el interior murieron a tiros entre 1961 y 1989 durante intentos de huida. En estos años también perdieron la vida más de 900 personas que intentaron huir. Dos soldados de las

Tropas Fronterizas, Peter Göring y Reinhold Huhn ambos muertos a tiros en 1962 delante del muro, se realzaron como víctimas con finalidades propagandísticas en la RDA: Peter Göring murió de un disparo el 23 de mayo de 1962 cerca del cementerio de Invaliden, en un tiroteo entre los puestos fronterizos de la RDA y los policías del Berlín Oeste que intentaba cubrir la huida de un joven de 14 años y el soldado fronterizo Reinhold Huhn murió el 18 de junio de 1962 cerca del Checkpoint Charlie. Cuando Huhn estaba registrando a varias personas que tenían pensado huir a través de un túnel, uno de los que les ayudaba sacó una pistola y mató al soldado fronterizo.

Reinhold Huhn y Peter Göring fueron elevados a »héroes socialistas«. En su memoria y en la de otros soldados muertos se erigió en el barrio de Mitte, al alcance de la vista del alto edificio de Springer, un lugar conmemorativo que era visitado por los reclutas de las Tropas Fronterizas, las delegaciones extranjeras y también por los niños. La calle Schutzenstraße, en donde se ubicaba, cambió su nombre por el de Reinhold Huhn. En 1972 el jefe de las Tropas Fronterizas, ordenó instalar en el cuartel del soldado muerto una habitación en la que se colocara su foto y sus objetos personales. La disposición de esta habitación tenía que ser realizada siguiendo unas determinadas normas que se aclaraban con fotos y esbozos. A esta habitación »conmemorativa« se llevaba a los soldados jóvenes al comenzar sus servicio, »brutalidad y vileza« así son los que intentan huir y el »enemigo« al otro lado del muro.

Después de la caída del muro, investigaciones fiscales demostraron que en realidad nueve soldados habían sido tiroteados por camaradas que huían. En tres casos los tiros mortales provenían de armas de soldados americanos o de policías del Berlín Oeste. Civilistas que huían dispararon a tres soldados fronterizos. Sea cual sea la verdadera causa de la muerte de los soldados fronterizos, en la propaganda ideológico política ocupaban el centro de un culto al héroe que debería acercar el peligro que supone el servicio en la frontera y la perseverancia del »enemigo«, bien sean aquellos que intentan huir, bien sean policías del oeste.

Miembros voluntarios de las Tropas Fronterizas

Este era el sueño de los dirigentes de la RDA, todo un pueblo protegiendo la frontera. El espionaje del Stasi se había ampliado, tal y como se demuestra en 1989, y contaba con unos 150 000 colaboradores no oficiales en toda la RDA.

También para la seguridad del sistema fronterizo y para impedir los intentos de huida se recurría en la RDA a la ayuda de las personas civiles. Estos »miembros voluntarios de las Tropas Fronterizas« patrullaban en las cercanías de la frontera en la zona anterior a las barreras, donde se podían detectar a los que querían huir y una vez descubiertos se entregaban a la Policía Popular.

Según las encuestas y estadísticas de las Tropas Fronterizas, los miembros voluntarios realizaban un trabajo completo en colaboración con la policía y las Tropas Fronterizas. Entre diciembre de 1974 y noviembre

Si se trataba de fortalecer ideológicamente a la tropa, allí estaba Karl-Eduard von Schnitzler (de pié).

de 1979 se registraron un total de 4 956 casos de »movimiento de personas en dirección de la RDA a la Alemania Federal«, es decir intentos de huida. De ellos 3 984 fueron detenidos al alcanzar la primera barrera, a lo que ayudaron decisivamente los miembros voluntarios. Con respecto a las instalaciones de seguridad fronteriza, en el periodo de tiempo indicado, las Tropas Fronterizas produjeron 743 detenciones. Solamente 229 personas consiguieron huir al oeste en esta época.[29]

En un boletín de las Brigadas Fronterizas del 13 de agosto (área de la Potsdamer Platz/Puerta de Brandenburgo) para la dirección del SED- sección de los barrios de Berlín durante los años 1965/1966 se realza especialmente la acción de la población y de los miembros voluntarios : »En 7 casos fue posible gracias a la ayuda de la población detener a personas que estaban preparadas para realizar acciones criminales en la zona fronteriza. El trabajar en colaboración con los miembros voluntarios se ha convertido en un componente decisivo para la seguridad de la frontera.«[30]

En un informe presentado por la comandancia de 1969 se realza la buena colaboración de las Tropas Fronterizas con los »grupos de ayuda«: »En la actualidad desempeñan 468 ciudadanos repartidos en 564 grupos su servicio como ayudantes voluntarios de las Tropas Fronterizas y, consiguen buenos resultados ... en la defensa de la frontera.«[31] Los ayudantes voluntarios eran normalmente educados y correctos. Un ex oficial de las Tropas Fronterizas describe sus funciones: »Ellos patrullaban normalmente durante el día, en el horario de trabajo ... tenían que realizar la ronda, controlar el orden, implantar la seguridad en la zona fronteriza y también tenían que inspeccionar si en los contactos de los vehículos utilizados en las granjas se habían dejado las llaves puestas y alguien podría en la niebla durante la noche dirigirse en tractor hacia el oeste. ... Estábamos convencidos que solo era posible controlar la frontera si la población colaboraba.«[32]

Vista desde una torre de observación en la frontera de Potsdamer Platz. A lo lejos el Reichstag.

Sobre las tareas y las competencias de los ayudantes voluntarios se escribe en el »manual del soldado fronterizo« oficial: »Los ayudantes voluntarios de los soldados fronterizos pueden realizar tareas primordiales:

- detener temporalmente a personas sospechosas y a los que intenten huir;
- controlar la circulación en los accesos más importantes de la zona fronteriza así como en situaciones especiales;
- proteger empresas y puntos importantes;
- intensificar el cerco y ayudar en la búsqueda de los que quieren huir.«[33]

En agosto de 1952, tres meses después de que se cerrara la frontera interior alemana, se utilizaron a 540 civiles »ayudantes fronterizos« para patrullar y vigilar a lo largo de la demarcación. A partir de 1958 se reclutaron a »ayudantes voluntarios de las Tropas Fronterizas« de civil y reconocibles por una cinta en la manga. El servicio de los »ayudantes«, sometidos al regimiento fronterizo, era sobre todo el de patrullar delante de la zona fronteriza en pareja, pero a veces incluso en grupos de seis personas, en ocasiones acompañados por un miembro de las Tropas Fronterizas. Estaban desarmados e iban de civil con una cinta en el brazo (»miembro voluntario de las Tropas Fronterizas«) o con un uniforme de dril con un quepis.

Al mes tenían que hacer un servicio de seis a ocho horas en el que sobre todo se les informaba de las »posibilidades de huida a través de obras u otras instalaciones ... «. Tenían permiso para detener y controlar a personas sospechosas. A menudo se reclutaba a ayudantes voluntarios entre el personal de fábricas cercanas a la frontera tanto en el Berlín Este como en los alrededores. Todos eran sin excepción miembros del SED, en su mayoría reservistas del Ejército Nacional Popular o de las Tropas Fronterizas. En el curso de preparación además de introducirlos en política e ideología, se les entrenaba en el uso de armas de fuego, en lucha y en primeros auxilios.

»Pioneros jóvenes« delante del monumento conmemorativo al soldado muerto Reinhold Huhn.

Su »efectividad« queda patente indirectamente en los datos estadísticos sobre las detenciones en las zonas fronterizas, en 1988 se produjeron un total de 2 312 detenciones en la frontera interior alemana y en el muro:

978 por la Policía Popular
526 por la Policía de Transportes
614 por las Tropas Fronterizas
273 por el Stasi.[34]

El número elevado de detenciones policiales se debe gracias a las indicaciones y a las acciones de los ayudantes voluntarios.

En 1986 el Consejo de Defensa Nacional otorgaba una orden a los »ayudantes« por su »servicio fiel en la protección de la frontera de la RDA«, unida a un premio de 150 a 500 marcos. También en las acciones aisladas, en especial en la detención de una persona que intentara huir, se daba un premio en metálico.

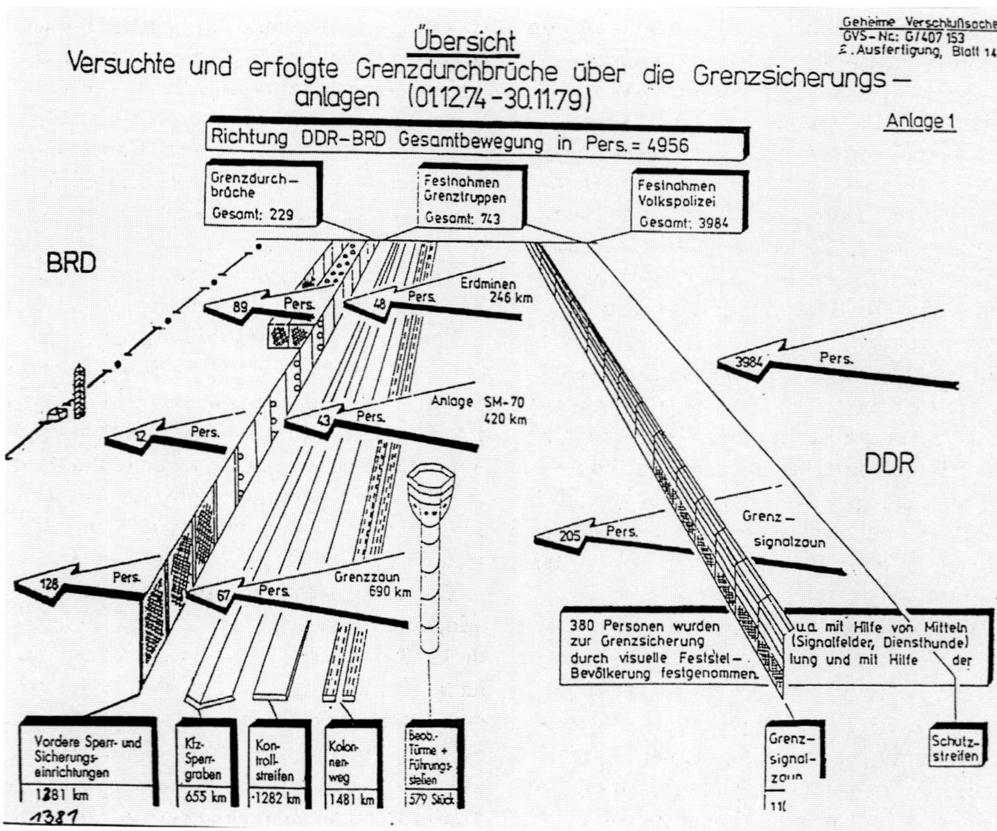

De 4 956 intentos de pasar la frontera, 3 984 fracasaban antes de llegar a las primeras vallas.

¿VA A DURAR EL MURO CIEN AÑOS?

Costumbre y represión

¿Empezaban a acostumbrarse la población a la existencia del muro? A mediados de los años sesenta esa era la sensación que reinaba en el oeste. El muro, la partición de la ciudad, formaba parte de la vida diaria a pesar de sus consecuencias absurdas.

En mayo de 1971 se produjo un cambio en la dirección de la RDA: Al anciano Ulbricht le sucedió Erich Honecker en el SED. Precisamente el »arquitecto del muro« era el que ahora llevaba las riendas, pero a pesar de ello, muchas personas en la RDA alimentaron ilusiones de cambio que se hicieron patentes con una política más relajada y con una mayor facilidad para viajar y visitar a parientes. En 1974 ambas Alemanias abrieron »representaciones permanentes«; la aceptación internacional de la RDA comenzó a aumentar y aunque en el transcurso de los años se mejoraron las condiciones de vida gracias a la liberalización política en el sistema fronterizo no se relajaban las condiciones, todo lo contrario, la frontera se reforzaba.

Hasta 1989 siempre hubieron personas que arriesgaron sus vidas para poder salir porque no podían aguantar más el encierro en la RDA. A partir de 1985/86 las Tropas Fronterizas registraron un aumento considerable del número de intentos de huida y, de los que tuvieron éxito, en algunos puntos del muro en más de un 20%.

También se producían de vez en cuando deserciones. En septiembre de 1986 en las cercanías del Reichstag, o dos mese más tarde en el canal de Teltow, donde el soldado fronterizo Mathias Sch. primero había desarmado a su superior y luego le había instigado a huir juntos, al negarse este, Mathias Sch. trepó solo las alambradas y el muro para dirigirse al Berlín Oeste dejando apoyado su fusil Kalaschnikow en la valla.

Del este al oeste, del oeste al este

El 21 de agosto de 1988 docenas de turistas tuvieron que interrumpir súbitamente su recorrido por el Reichstag, alrededor de las 10:00 horas de la mañana cuatro personas, dos hombres y dos mujeres se colaron por las vallas fronterizas, casi habían alcanzado la otra orilla cuando les descubrió un soldado fronterizo. Se tiraron los cuatro de cabeza al agua e intentaron alcanzar a nado la otra orilla, los soldados de la RDA los siguieron en un barco y apresaron a una de las mujeres la cual pudo volver a soltarse. Un equipo de cámaras que se encontraba allí por casualidad filmó esta dramática escena, los cuatro, totalmente agotados, lograron alcanzar la orilla animados por los testigos allí presentes.

Esta huida rodada en vivo por las cámaras y en presencia de espectadores, primero indignados y luego entusiasmados, supuso un quebradero de cabeza para la dirección de las Tropas Fronterizas. Se ordenó: »enjuiciar de nuevo aquellos pasajes que causaron impacto entre el público, utilizar soldados fronterizos muy bien entrenados y, donde fuera necesario, aumentar el número de los soldados de las Tropas Fronterizas.«[35]

El efecto de estas medidas no fue el deseado, cinco meses más tarde, el 14 de febrero de 1989, dos hombre consiguieron huir casi en la misma zona. Con la ayuda de un vehículo, rompieron la frontera y se precipitaron en el río Spree vestidos con un traje de buceo para protegerse del frío, casi sin fuerzas pudieron alcanzar la orilla oeste. Un tercer intento fue impedido por un barco de las tropas fronterizas.

También hubo intentos de pasar la frontera del oeste al este. En los años setenta, un berlinés del oeste en Kreuzberg intentó trepar el muro unas quince veces y, en el este era siempre detenido. Cuando le interrogaron y le preguntaron por qué no utilizaba el paso fronterizo normal , siempre le respondía a los oficiales que como vivía en frente de sus conocidos este era el camino más directo y el más corto. Se »devolvía« al que había intentado pasar la frontera, hasta la próxima vez.

Para algunos de estos »trepadores del muro«, éste representaba una provocación o un »reto deportivo«. Así por ejemplo Rainer W. De con 18 años, el cual a comienzos de los años setenta pasó la frontera en dirección al oeste de Potsdamm-Babelsberg, en donde solamente se quedó un fin de semana porque »en realidad« no le gustaba. Unos meses después de su vuelta en el este, trepó, siguiendo un impulso interno, nuevamente el muro. Mas tarde, se estableció, con permiso de la RDA, en el oeste y siguió saltando el muro, pero del oeste al este. Las Tropas Fronterizas se deshicieron de este fastidioso »saltador del muro«, y después de un corto interrogatorio le volvían a enviar al oeste.

Mientras los políticos intentaban con mucho esfuerzo en las conversaciones conseguir que el muro fuera más transitable, varios rebeldes contemporáneos le declararon a este monstruo su guerra particular.

Uno de los personajes más extravagantes es sin duda el estadounidense John Runnings el cual en 1986/87 perpetró varios ataques. En verano de 1986 llegó a Berlín oeste y trepó con la ayuda de una escalera al muro, ni los policías de la RDA ni los del oeste pudieron detenerlo y se balanceó a lo largo de 500 metros de muro, observado por muchos espectadores que le aplaudían, los puestos fronterizos de la RDA obligaron a Runnings a bajarse y le tomaron preso. Para evitar escándalos e intervenciones diplomáticas, después de ser interrogado le dejaron marchar.

Running no se dejó intimidar por ello y unos dias más tarde inició de nuevo una acción en la que se sentó a horcajadas en el muro y hacía como si lo golpeara con un martillo. Inmediatamente fue arrestado por los soldados de la RDA y al día siguiente de nuevo enviado al oeste. Su tercer intento de »caminar sobre el muro« tuvo como consecuencia 53 horas de cárcel en la RDA.

La mañana del 1 de julio de 1988 los puestos fronterizos en la zona del Potsdamer Platz se encontraron con un reto muy especial. Unos 200 Punks del oeste que habitaban en unas cabañas en el denominado Triángulo de Lenné se dieron a la fuga acosados por la policía del oeste treparon el muro en dirección al Berlín Este. Con ello, un espectáculo que había durado varios meses, llegó a su fin, uno de los más divertidos. El muro había creado una particularidad topográfica que producía en algunos puntos de la frontera situaciones singulares. El muro no estaba construído justamente en la línea de demarcación, la distancia hasta la verdadera línea fronteriza era de 1 o 2 metros, en algunas zonas incluso de más. Y en mitad de la ciudad, en la Potsdamer Platz, existía una superficie de 4 hectáreas entre Lenné, Bellevue y la Ebertstraße, que aunque pertenecía al Berlín Este quedaba fuera del muro.

En marzo de 1988 el Senado del Berlín Oeste y el Berlín Este realizaron un cambio en el cual el Triángulo de Lenné tendría que caer en el oeste. Hasta que este tratado entrara en rigor el 1 de junio de 1988, este territorio era extraterritorial, lo que aprovecharon los jóvenes del »ambiente de autónomos« para construir un pequeño poblado de cabañas, sin que el este hiciera nada en

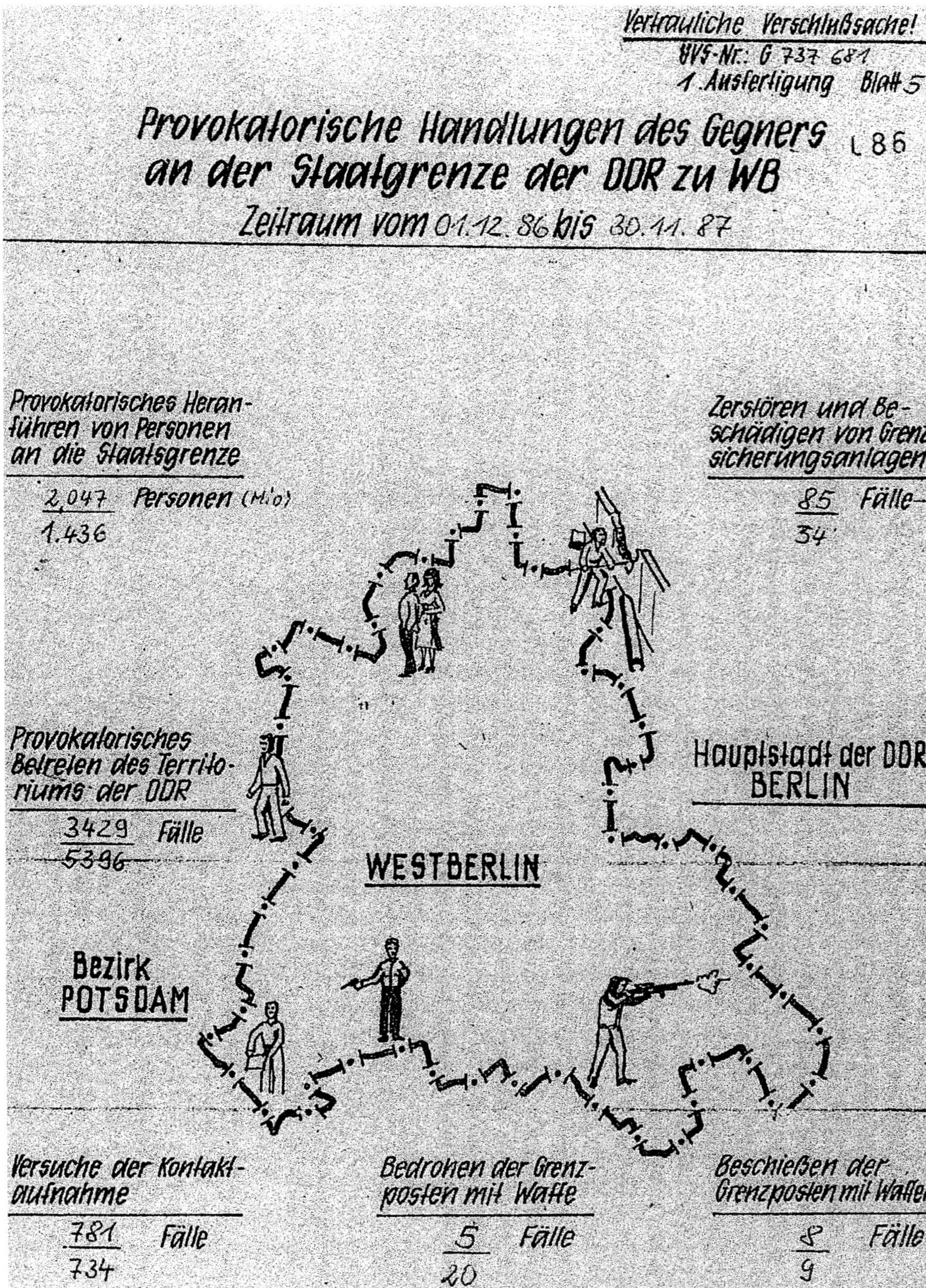

Exposición de las Tropas Fronterizas de las acciones de protestas y otros antecedentes en la »frontera del a RDA«.

contra. Cada vez más divertidos los habitantes del Berlín Oeste observaban el juego del ratón y el gato, después de las peleas, los jóvenes regresaban al Triángulo de Lenné en donde no les podían seguir los policías del oeste.

Exactamente en la fecha en la que el cambio entró en vigor, unos 900 policías acabaron con la animación usando gases lacrimógenos, los que allí vivían intentaron huir de la policía saltando el muro. Las Tropas Fronterizas de la RDA no se vieron sorprendidas por esta acción y reaccionaron con serenidad ante la »violación de la frontera« tan particular. En vehículos se transportó a los Punks a un alojamiento para las tropas, se les dio de desayunar y después de tomar sus datos se les devolvió al oeste a través de diferentes puntos fronterizos.

Una superficie blanca era un estímulo para pintar. Esto es lo que muchos berlineses del oeste pensaron cuando a partir de 1976 se construyó el »muro fronterizo 75« y, una superficie kilométrica, y plana de 3,60 metros de altura de hormigón pedía a gritos colores y pintadas. Pero el muro no era exactamente la frontera. Estaba en territorio del este, la distancia al sector fronterizo verdadero era de un metro. Para los artistas que realizaban Graffiti, significaba no solamente la posibilidad de desarrollarse plenamente sino también el atractivo de poder »violar la frontera«. Las Tropas Fronterizas compartían esta opinión. Durante años se les ordenó a los soldados fronterizos ir con cubos llenos de pintura y pinceles a blanquear la parte del muro con »cara al enemigo« para borrar los Graffitis.

En 1984 Rainer Hildebrandt, director del la »casa en Checkpoint Charlie« tuvo la idea de organizar un concurso de pintura. En esta competición cuyo lema rezaba »superar el muro al pintarlo« tomaron parte también artistas conocidos internacionalmente, como Lew Nussberg, Christophe Bouchets, Richard Hambleton y Jonathan Borowsky. Más tarde el famoso pintor de Graffitis, Keith Haring, dibujó sus famosos hombrecillos en el muro. En esta época las Tropas Fronterizas ya habían desistido de blanquear las pinturas con »cara al enemigo« y solamente en casos excepcionales reaccionaban en contra del Graffiti.

A pesar de que el muro ya era costumbre, se producían sucesos que volvían a levantar emociones en el Berlín Oeste. Por ejemplo, en 1975 cuando Cetin, un niño de cinco años del barrio de Kreutzberg, se cayó al río Spree mientras jugaba. A los pocos minutos aparecieron buceadores del Berlín Oeste pero no pudieron introducirse en el agua para averiguar cómo se había ahogado el pequeño. En esta zona del río Spree le pertenecía al este. Un bote fronterizo de la RDA llegó a la zona del accidente y solamente lograron sacar el cuerpo sin vida del agua. Esta tragedia provocó en el Berlín Oeste gran indignación, cientos de personas se congregaron a la orilla del río Spree y escribieron pancartas en contra del régimen del SED: »Asesino de niños« e »inhumano«.

Este tipo de suceso, que de repente provocaba que el muro de nuevo estuviera presente en la conciencia pública, no cuadraba con los planes de la RDA. Después de la muerte del niño se firmaron acuerdos entre el este y el oeste sobre la posibilidad de prestar ayuda »sin burocracia« en caso de »accidentes en la frontera«.

Dureza en la frontera: Enclave e idilio

El triángulo de Lenné era uno de los lugares en los que el trazado del muro fue la causa de los episodios más grotescos. El enclave del Berlín Oeste Steinstücken, de casi 13 hectáreas con 130 habitantes en el sudoeste de la ciudad estaba totalmente rodeado por el territorio de la RDA. Desde el fin de la guerra, el único contacto con el Berlín Oeste consistía en un camino de 1,1 km de largo en los que había dos puestos de control. Con la construcción del muro, Steinstücken se quedó totalmente aislado del Berlín Oeste y por lo tanto sin posibilidad de subsistir. El 21 de septiembre de 1961, el general Clay Kurzerhand voló en helicóptero a Steinstücken para demostrar su apoyo a los habitantes de la zona, y otorgar una »protección« directa, se estacionaron allí 3 soldados americanos.

Para los habitantes comenzó una época de asedios y trabas. Solamente podían pasar la frontera aquellos que vivían en el enclave, los bomberos, el médico o la comadrona. Después del tratado de las cuatro potencias y con un cambio de territorios en agosto de 1982 se inauguró una conexión por carretera entre Steinstücke y el Berlín Oeste, limitada a ambos lados un muro de 3,60 m de alto.

Otro enclave era el llamado Eiskeller, unido al barrio del Berlín Oeste Spandau por una calle estrecha.

En algunas zonas del muro existían grandes superficies, como por ejemplo el triángulo de Lenné en la Potsdamer Platz, pero en otras se levantaba construcciones extravagantes para poder amoldar al muro los edificios de fábricas o de viviendas. Este caso lo encontramos en el »Entenschnabel« en Hermsdorf, al norte de Berlín en donde una superficie limpia y no amurallada se adentraba en el Berlín Oeste. En algunos lugares, como en el barrio de Treptow, se establecieron pequeñas colonias de jardines tan cercanas que sus habitantes podían ver el huerto del vecino, pero no tomarse un café juntos.

Otra huerta, aunque no en una colonia, se plantó en Mariannenplatz en el barrio de Kreutzberg. En 1986 Osman Kain, un turco de 60 años y su mujer se instalaron en un terreno en el límite del muro, cuando preguntó quién era el propietario de la zona le dijeron que nadie, así que decidió plantar allí una huerta aunque estaba en territorio del este.

Intentos de protesta del oeste en el muro en 1967, fotografiado y archivado por las Tropas Fronterizas de la RDA.

En esta zona, el muro dejaba una gran superficie libre a la que podían acceder los habitantes del oeste. Al principio, los soldados fronterizos de la RDA no querían permitirle al turco que labrara la tierra e incluso le amenazaron con disparar. Kalin y su mujer no se dejaron intimidar por ello y siguieron ocupándose de la huerta, lo que finalmente permitieron.

Protestas juveniles en el Berlín Este

»El muro tiene que desaparecer.« Se necesitaba valor para protestar y sobre todo el 7 de octubre la fecha de la fundación oficial de la RDA. Grupos de música y de baile celebrarían el 28 aniversario del estado de los »trabajadores« con alegría encargada. En un concierto de Jazz comenzaron las primeras revueltas entre la Policía Popular y los jóvenes; se lanzaron piedras, se rompieron escaparates. Así casi de repente se creó una verdadera lucha callejera, en la que las fuerzas de seguridad actuaron con mucha fuerza. Unos 1000 jóvenes se burlaban y atacaban a la policía mientras siempre gritaban »¡el muro tiene que desaparecer!«. Tres jóvenes murieron, varias docenas sufrieron heridas de gravedad y más de 150 fueron detenidos por la policía y el Stasi.

Era la primera vez que se producía en el Berlín Este una protesta espontánea en contra del muro. Era como si se hubieran encontrado dos mundos: Por una parte los »hacedores« que se alegraban y por otra, cientos de jóvenes que solo necesitaban que saltara una chispa para expresar la rabia que sentían en contra del régimen del SED y lo que significaba: el muro.

En un concierto de música en 1987 se produjeron de nuevo fuertes protestas en el Berlín Este a causa del muro. Entre el 6 y el 9 de junio de 1987 los grupos internacionales David Bowie, Genesis y Eurythmics celebraron conciertos delante del edificio del Reichstag, algunos altavoces se dirigían al este, hacia Unter den Linden, en donde se habían congregado unos 4000 jóvenes para por lo menos oír el concierto de Rock. La zona fronteriza del Reichstag y de La Puerta de Brandenburgo estaba muy protegida por las Tropas Fronterizas y por miembros del Stasi. A pesar de todo en la noche del 9 de junio algunos jóvenes lograron romper el cerco y aproximarse a La Puerta de Brandenburgo. Se produjeron verdaderas batallas callejeras entre los fans y la policía, los soldados fronterizos y los miembros del Stasi. Además se oían los gritos de »el muro tiene que desaparecer« – »Gorbatschow, Gorbatschow«. Se dispersaron a los jóvenes a base de golpes y la policía y el Stasi detuvo a unas 200 personas.

También las fotos con »tales provocaciones por parte del enemigo« se guardaban en los archivos de las Tropas Fronterizas.

A mitad de los años ochenta, el este comenzó a reforzar las medidas fronterizas en la zona de La Puerta de Brandenburgo y en la Pariser Platz. La justificación del entonces director del »Centro de Información en La Puerta de Brandenburgo« teniente mayor Granßauge fue: »Con la demarcación actual es posible reptar por debajo de las barreras y los controles para introducirse en la zona fronteriza o para provocar a los puestos fronterizos. El sector es un lugar ideal para realizar acciones demostrativas especialmente durante la visita de delegaciones extranjeras.«[36]

Y todo esto sería imposible con la utilización de más vallas metálicas y la construcción de puertas automáticas. Estas nuevas medidas se pusieron en práctica en verano de 1984 con un control estricto de las Tropas Fronterizas.

Se añadía además que los hombres más poderosos de la tierra habían visitado el muro de Berlín a mitad de los años ochenta. Mientras que Gorbatschow, jefe del partido soviético en 1986 le daba las gracias a las »heroicas Tropas Fronterizas« que cumpliendo su deber protegían la seguridad en Europa, en junio de 1987 el presidente norteamericano Ronald Reagan, apelaba al nuevo jefe del Kremlin: »… Mientras la puerta esté cerrada siempre será una herida. No se trata solo de una cuestión alemana, sino que es una cuestión de libertad que atañe a toda la humanidad … Secretario General Gorbatschow, si quiere la paz, si quiere bienestar para la Unión Soviética y Europa del Este y liberalización, entonces ¡venga a esta puerta, Señor Gorbatschow! ¡Señor Gorbatschow abra esta puerta! ¡Señor Gorbatschow tire este muro!«

Las Tropas Fronterizas colocaron altavoces enormes para tapar con música el discurso de Reagan que iba dirigido a la población del Berlín Este. En el oeste, este discurso del presidente americano se tomó mas bien a risa, e incluso lo atacaron. Probablemente caracteriza esta reacción la situación política que reinaba entonces y la indiferencia por el muro que, según creía la mayoría, existiría por siglos.

»Un muro 2000 de alta tecnología«

El muro »todavía existirá dentro de 50 o 100 años si no son vencidas las razones que llevaron a construirlo.«[37] Muchas personas en la RDA se llevaron un susto de muerte cuando oyeron lo que declaraba Honecker, jefe del estado y del Stasi el 19 de enero de 1989.

La dirección de las Tropas Fronterizas no vieron en estas declaraciones ningún motivo para pensar en una relajación del régimen fronterizo. Al contrario, ateniéndose a la afirmación de Honecker de »cien años de muro« se planeaba para el año 2000 la ampliación de las instalaciones fronterizas. »En los próximos años (hasta el año 2000 y más adelante) la RDA tendrá que ampliar y asegurar con sus Tropas Fronterizas la frontera del estado con la BRD y Berlín (Oeste) … «[38]

La RDA ya pensaba en el futuro. En 1988/89 por ejemplo, todavía se realizaban »planos« para la ampliación del muro hasta el año 2000, con los que se conseguirían dos metas. Por un lado la frontera debía ser más impenetrable para aquellos que quisieran huir y por otro la dirección del SED tenía gran interés en que se disparara en el muro lo menos posible. Cada tiro, cada muerto en la frontera perjudicaba la imagen internacional de la RDA, y precisamente este aspecto era de crucial importancia en una época en la que la necesidad de un crédito era inminente.

Los resultados de esta aspiración era el proyecto »un muro 2000 de alta tecnología«, una frontera en la que los elementos de vigilancia electrónicos hicieran fracasar cualquier intento de huida al registrarlos, a ser posible ya lejos del muro, y sin que fuera necesaria la utilización de las armas de fuego. En la publicación de los Comandos Fronterizos se puede leer: »Tiene prioridad el poner en funcionamientos tales medios técnicos y físicos que hagan disminuir con máxima seguridad la difamación en contra de la RDA.«[39] En otras palabras: Alta tecnología en lugar de disparos.

Ambas metas, la disminución de »ruptura de la frontera« y en lo posible evitar los disparos, las encontramos también en un concepto de los Comandos Fronterizos para el »desarrollo de técnica para la seguridad fronteriza en un periodo de tiempo de 1990–2000«.

En general se querían intensificar la técnica de sensores y la electrónica y no utilizar las armas. Se habían planeado una gran variedad de novedades técnicas, y querían instalar »nuevos aparatos complementarios para los equipos de alarma de las barreras, especialmente en caso de que se intentara pasar por encima«. Se deberían poner a disposición los medios técnicos, materiales y logísticos necesarios para en el tiempo mencionado tender en toda la superficie sensores de técnica microelectrónica, registradores de datos digitalizados y analizados por ordenador. Al mismo tiempo, se habían planeado equipar a las patrullas fronterizas con aparatos detectores de movimiento que permitieran la visión nocturna.

Bezeichnung der Grenzsicherungsanlage	Ausbaustand 31. 12. 1988	geplant 1989 im Abschnitt Hptst. d. DDR BERLIN	Bezirk POTSDAM
Grenzmauer	103 km	1,1 km	0,9 km
Grenzzaun	70 km	1,0 km	13,8 km
Grenzsignal-u. Sperrzaun	27 km	-	7,5 km
Beobachtungsturm (BT-9)	111 Stück	2 Stück	6 Stück

»Existirá en todavía 100 años …« planos de las Tropas Fronterizas de 1989.

El Ministerio de Defensa de la RDA encargó varios proyectos de desarrollo, como por ejemplo al »Instituto central de Física« en Potsdam para »sistemas de medición sísmica«. En 1985 los físicos de Potsdam presentaron su prototipo: »Detector de personas de 3 a 8 metros, de vehículos de 40 a 100 metros.« La instalación tenia un precio de 15 000 marcos por kilómetro. Pero seguía existiendo un problema: »Los sensores sísmicos no podían diferenciar entre personas y animales.«[40] En general el proyecto »alta tecnología« supuso desde el comienzo muchos problemas por el retraso de la industria electrónica y la estrechez financiera de la RDA.

En junio de 1988 el jefe de planificación del Ministerio de Defensa se lamenta: »No son conocidos los sensores para captar campos magnéticos, infrarrojos y acústicos de personas … , que funcionen en zonas muy pobladas y en crecimiento.«[41]

En 1988 y 1989 en la RDA se impulsaron los planos de ampliación de la frontera sin tener en cuenta la situación económica y la crisis política. Una propuesta del »jefe técnico y de armamento« de las Tropas Fronterizas del 30 de diciembre de 1988 contiene un catálogo completo de novedades electrónicas en la »frontera de Berlín (Oeste)«. Esencial era la »instalación de la señal fronteriza 90« con un »sensor de metal, un sensor de campo, centros de producción de energía, señales acústicas en las vallas fronterizas y seguro del paso de agua«, unido a un centro de comprobación de datos por ordenador. En 1993 se instalaría un »sistema de vigilancia GÜG 89«, aunque supusiera un gasto de 1,2 millones de marcos por100 unidades. Cualquier aproximación a las vallas fronterizas las detectaría el aparato de infrarrojos (precio por unidad de 15 000 marcos). A partir de 1991 se instalaría el detec-

Vertrauliche Verschlußsache!
VVS-Nr. G 857 426, ? . Ausf., Blatt 74

1. Bezeichnung und Kurzbezeichnung

Mikrowellenschranke "Georgin" - RLD-73

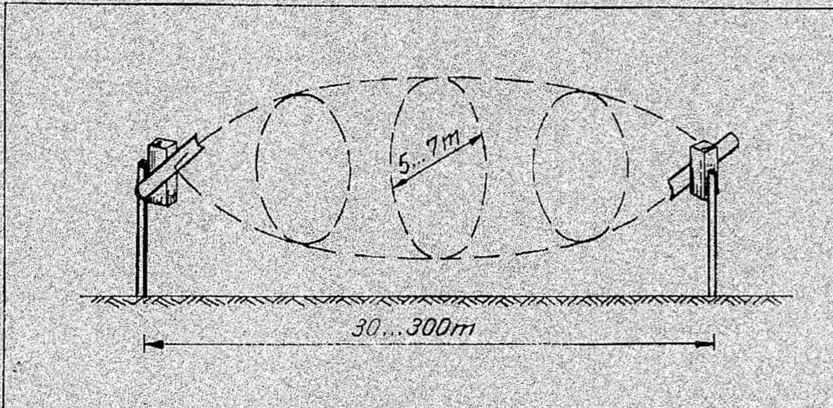

2. Militärische Zweckbestimmung

Überwachung einer Sicherungslinie im Gelände

3. Taktisch-technische Hauptparameter

- Sicherungslänge: 30 ... 300 m
- Sicherungsbreite: 5 ... 7 m
- Stromversorgung: Netz 220 V~ oder 26 V ⎓

4. Orientierungsbedarf

5. Preisobergrenze

7,4 TRubel

6. Einführungsjahr und erforderlicher Einführungszeitraum

Jahr	1988	1989	1990
Stück	2	8	
Kosten in TRbl.	14,8	59,2	

En planes de »una frontera de alta tecnología« se encontraba el modelo »Gorgin« que funcionaba a base de ondas.

tor de vibraciones »Gawott DS-80 W« especial para la vigilancia de la frontera en el agua, con un precio de 15 500 rublos por pieza. La función del aparato de medición »Kredo-1RL 133« se describe de la siguiente manera: »Vigilancia de un terreno cuando entren personas a pié, o montadas en bicicleta o lo intenten con tanques« con un precio de 30 000 rublos por unidad. Ya para 1988/89 se había planeado utilizar un »aparato de ondas« llamado »Georgin RLD-73« que vigilaría electrónicamente un segmento del terreno.[42]

Un tema muy delicado era la financiación de esta frontera de alta tecnología. La comandancia de las Tropas fronterizas recibieron un comunicado del Ministerio de Defensa en el que se recalcaba el problema financiero. El desarrollo y la instalación de »equipos más modernos traen consigo un mayor coste financiero. Al aspecto económico se le otorgó una atención especial en la elaboración de las instalaciones en el periodo de 1991–1995/2000.«[43] Esta apelación al ahorro es fácil de comprender si se tienen en cuenta la catastrófica situación económica en la RDA, en 1989 era insolvente, y a pesar de todo se planearon para ese mismo año gastos por 1,221 millares de marcos. Solo hasta 1996, la instalación de un »sistema de seguridad fronteriza 90 ›GS90‹« costaría 42,2 millones de marcos.

Pero la historia nos demuestra que los habitantes de la RDA querían otra cosa.

LA CAIDA DEL MURO

Desaparece un sistema

Al este del »Telón de Acero« se respiraban cambios. Sobre todo en Hungría y en Polonia a mediados de los años ochenta se criticaba cada vez más al régimen comunista. Los grupos de oposición aumentaban en aceptación y su protesta era más intensa. Desde marzo de 1985 Michael Gorbatschow era el jefe del partido en la Unión Soviética. Él hizo famosos en el mundo entero los términos de »Glasnost« y de »Perestroika«.

Pero en el Berlín Este todavía gobernaban los viejos políticos. El miembro del Politburó Kurt Hager declaraba sobre los cambios políticos en la Unión Soviética: El que el vecino arregle su vivienda, no quiere decir que uno tenga que hacer lo mismo con la suya. Los miembros del partido y del gobierno de la RDA no veían ninguna necesidad de hacerlo.

En la primavera de 1989 la crisis económica de los países del este alcanzó una dimensión dramática. Los primeros países que llegaron a conclusiones claras del fracaso evidente del »socialismo real existente« fueron Polonia y Hungría y, comenzaron a introducir un sistema de partidos y estructuras de mercado. Además los reformadores húngaros no estaban dispuestos por más tiempo a someterse al aislamiento que sufrían el resto de los habitantes del este. El 2 de mayo de 1989 se quitaron las vallas fronterizas que lindaban con Austria. El »Telón de Acero«, y con él también el muro comenzaba a tener agujeros.

Durante los siguientes meses y semanas la frontera abierta entre Hungría y Austria fue un hueco por el que se colaban cada vez más habitantes de la RDA. El 19 de agosto en Sopron huyeron en masa más personas de las que lo hicieron durante la época del muro. Unas 600 personas corrieron triunfantes por la frontera en dirección a Austria durante un acontecimiento político.Las embajadas alemanas en Budapest y Praga se convirtieron al final del verano en verdaderos campos militares de habitantes de la RDA que querían viajar. El 11 de septiembre el gobierno húngaro declaró oficialmente que la frontera con Austria estaba abierta.

Al gobierno de la RDA le llegaba el agua al cuello. En Leipzig se demostraban todos los lunes desde mediados del mes de septiembre a favor de reformas sociales, y el número de personas aumentaba cada semana. La Unión Soviética señalizaba que no estaba dispuesta a estabilizar la situación en la RDA a costa de los intereses de Moscú y de sus relaciones con la República Federal y los países del Oeste. Según dijo Michael Gorbatschow: »Al que llega tarde, a ese le castiga la vida.«

En el gobierno aumentaba la presión económica y política. A comienzos de 1989 era evidente para los poderosos del SED que solo un crédito del oeste podría salvar la precaria situación económica (y por lo tanto también política) de la RDA y ello tendría consecuencias. Nada había dañado tanto la imagen internacional de la RDA como los disparos en el muro. El 3 de abril de 1989 el Ministerio de Defensa dio la orden de no disparar en caso de que se intentara violar la frontera, a no ser que fuera en defensa de la propia vida o la de terceros como por ejemplo la de rehenes. Dos meses antes, de la noche del 5 al 6 de febrero, Chris Gueffroy, un joven de 20 años del barrio de Berlín Treptow moría a tiros al intentar pasar la frontera. Pero a pesar de la orden del 3 de abril, se tiraron tiros. Cuando el 8 de abril dos jóvenes del Berlín Este intentaron pasar corriendo la frontera a través de la frontera en la Chaussestraße, los controladores de la RDA dispararon tiros de aviso para que se pararan y luego fueron detenidos.

El 9 de noviembre de 1989

La historia pocas veces se ha escrito por una casualidad.

En la tarde del 9 de noviembre de 1989 Günter Schabowski, miembro del Politburó, daba una conferencia de prensa en el Centro Internacional de Prensa en la Mohrenstraße en el Berlín Este, la cual iba a ser retransmitida en vivo por la televisión de la RDA. Los periodistas provenientes de todas partes del mundo estaban expectantes ya que los acontecimientos se habían dramatizado en los últimos días. El día anterior había dimitido el Politburó del SED. Pero Schabowski, aunque agotado, se limita a informar vagamente sobre la última sesión del comité central.

A las 18:53 después de que un periodista italiano le formulara una pregunta, Schabowski sacó un trozo de papel y leyó por encima y haciendo varias pausas, lo que estaba escrito. Aparentemente no conocía el contenido de ese papel que, antes de la conferencia de prensa, le había entregado Ergon Krenz, el sucesor de Honecker :

»Los viajes privados al extranjero pueden ser realizados sin ser necesario presentar o solicitar condiciones para ello motivos justificados o causas familiares. Los permisos se otorgarán al poco tiempo. Las competencias correspondientes« – Schabowski levantó la vista – »las oficinas de la policía tienen que otorgar las visas con prontitud y sin que sea necesario para ello cumplir condiciones especiales«.

En la sala se oyen murmullos ¿que significa todo esto? ¿»viajes privados«?, ¿»sin motivos justificados«? ¿»permisos en corto tiempo«? Los periodistas están confundidos, también a Günter Schabowski le cuesta trabajo entender lo que acaba de leer.

Pregunta: »¿Es esto también válido para el Berlín Oeste?«

Schabowski se encoge de hombros, rebusca entre sus papeles: »Por consiguiente (silencio) – si, si.« Entonces sigue leyendo: »La posibilidad de viajar se puede realizar desde cualquier frontera de la RDA a la BRD o desde el Berlín Oeste.«

Pregunta: »¿Cuando entra en vigor?«

De nuevo rebusca Schbowski entre sus papeles: »Según tengo entendido ... entra en vigor inmediatamente.«[44]

El »telediario« de las 20:00 horas propaga la noticia bomba: »¡La RDA abre la frontera!« Y muchos berlineses del este se enteran así de las declaraciones de Schabowski. Lo que ocurre el 9 de noviembre en Berlín proviene de muchas fuentes: de las esperanzas y la impaciencia de miles de personas, de la especulación e interpretación de los medios de comunicación, de la inseguridad de la dirección del SED y de la falta de consejo de un régimen fronterizo sin órdenes.

Es un momento histórico, en el que a gran velocidad se hicieron realidad suposiciones, los desentendidos se convirtieron en información pero sobre todo, se acabó la exasperación y se cumplieron las esperanzas de libertad de muchos berlineses del este.

En el paso fronterizo de la Bornholmer Straße se concentraron a las 20:30 horas cientos de personas después de oír las noticia en la radio y en la televisión. Unos exigían pasar la frontera, otros solo querían ver lo que »realmente pasaba«. La gente se ponía cada vez más nerviosa, también acudían cada vez más berlineses del este a los pasos fronterizos de la Invalidenstraße y del Sonnenallee. En el oeste un gran número de personas querían ver con sus propios ojos el desarrollo de los acontecimientos.

Aumentaba la presión en la frontera. Los comandantes y los puestos fronterizos estaban nerviosos, nadie les ha dicho como tienen que comportarse. Cerca de las 21:00 horas la multitud exige a gritos en el puesto fronterizo de la Bornholmer Straße que abran la frontera, la caravana de coches es de más de un kilómetro.

La multitud exige cada vez con más fuerza »Abrid la puerta«. A las 22:30 horas el jefe en servicio del puesto fronterizo de la Bornholmer Straße llamó por teléfono a su superior: »No podemos detenerlo más, tenemos que abrir el GÜST. Hay que regular el control y dejar que salga la gente.«[45]

Miles de personas se precipitan en el puente de Bornholmer al Berlín del oeste. También los pasos fronterizos de la Invalidenstraße y del Sonnenallee son invadidos por la multitud.

El Checkpoint Charlie escenario de sucesos dramaticos y encuentros directos, se congregaron a ambos lados miles de personas. Cuando la presión en la frontera fue muy grande el comandante en funciones del GÜST intentó aplicar una acción defensiva. A las 23:00 horas cerró todas las puertas y vallas pero desde el oeste la multitud entonaba: »Déjanos entrar«, y la del este »déjanos salir«. Cerca de la media noche sucumbe el comandante a la presión de la multitud y también en el Checkpoint Charlie se abre la frontera.

A las 00:02 horas según los informes de la policía del este, todos los puestos fronterizos están abiertos.

La mayoría de los berlineses del este están emocionados con la caída del muro y la nueva libertad. Alegres, y muchos con lágrimas en los ojos se abren paso por los puestos fronterizos hacia el oeste en donde son recibidos por los berlineses del oeste. Personas totalmente extrañas se abrazan. Un coche pegado al otro se mueven los Trabis y los Wartburgs (dos modelos de coches de la RDA) rodeados de personas que dando gritos de júbilo se dirigen al Berlín Oeste. No pueden expresar con palabras lo que siente. »Es una locura«, son las palabras que más se oyen durante esa noche. En el paso fronterizo se celebraba el acontecimiento con champaña . Casi todo Berlín está despierto.

Günter Schabowski (a la derecha) en la conferencia de prensa histórica la tarde del 9 de noviembre de 1989.

2

BStU
000017

B e s c h l u ß v o r s c h l a g

Zur Veränderung der Situation der ständigen Ausreise von DDR-Bürgern nach der BRD über die CSSR wird festgelegt:

1. Die Verordnung vom 30. November 1988 über Reisen von Bürgern der DDR in das Ausland (GBl. I Nr. 25 S. 271) findet bis zur Inkraftsetzung des neuen Reisegesetzes keine Anwendung mehr.

2. Ab sofort treten folgende ~~zeitweilige Übergangs~~Regelungen für Reisen und ständige Ausreisen aus der DDR in das Ausland in Kraft:

a) Privatreisen nach dem Ausland können ohne Vorliegen von Voraussetzungen (Reiseanlässe und Verwandtschaftsverhältnisse) beantragt werden. Die Genehmigungen werden kurzfristig erteilt. Versagungsgründe werden nur in besonderen Ausnahmefällen angewandt.

b) Die zuständigen Abteilungen Paß- und Meldewesen der VPKÄ in der DDR sind angewiesen, Visa zur ständigen Ausreise unverzüglich zu erteilen, ohne daß dafür noch geltende Voraussetzungen für eine ständige Ausreise vorliegen müssen. Die Antragstellung auf ständige Ausreise ist wie bisher auch bei den Abteilungen Innere Angelegenheiten möglich.

c) Ständige Ausreisen können über alle Grenzübergangsstellen der DDR zur BRD bzw. zu Berlin (West) erfolgen.

d) Damit entfällt die vorübergehend ermöglichte Erteilung von entsprechenden Genehmigungen in Auslandsvertretungen der DDR bzw. die ständige Ausreise mit dem Personalausweis der DDR über Drittstaaten.

BStU
000018

3. Über die zeitweiligen Übergangsregelungen ist die beigefügte Pressemitteilung am 10. November 1989 zu veröffentlichen.

Verantwortlich: Regierungssprecher beim Ministerrat der DDR

La »hoja de papel« que contenía la caída del muro que leyó Schabowski el 9 de noviembre.

Las Tropas Fronterizas de la RDA no estaban preparadas para los acontecimientos del 9 de noviembre de 1989. A la comandancia y las tropas, la nueva regulación para poder viajar que leyó Schabowski les llegó por sorpresa.

Baumgarte, jefe de las Tropas Fronterizas, recibió la noticia de la situación en los puestos fronterizos la tarde del 9 de noviembre en el Ministerio de Defensa en Strausberg a donde había viajado después de una sesión del comité central. Totalmente sorprendido por los acontecimientos no era capaz de formular órdenes concretas. La dirección de la Armada Nacional y de las Tropas Fronterizas no tenían el 9 de noviembre una visión general de la situación. Sin llegar a un acuerdo se separaron cerca de la 1:00 de la madrugada. El general Dieter Teichmann, de las Tropas Fronterizas se quejaba más tarde de la falta de información: »Nos faltó la posibilidad de prepararnos en la frontera. ... Y era además inconcebible que uno se enterara por la televisión.«[46]

Por decisión propia las comandancias de los GÜST descartaron la posibilidad de una actuación violenta en contra de las personas que presionaban desde el este. Todos tenían claro lo que había dicho el oficial en servicio Manfred Sens: »si las personas vienen corriendo en masa y nosotros disparamos nos colgarán del mástil de la bandera.«[47]

No pocos fueron los miembros de las Tropas Fronterizas que se enfurecieron o se sintieron decepcionados y lo expresaron el 10 de noviembre de 1989 en una resolución de protesta del régimen fronterizo 36: »Consideramos los acontecimientos del 9.11.89 o del 10.11.89 como una traición y una burla a los órganos que salvaguardan la protección y la seguridad, en especial las Tropas Fronterizas. Sin informarnos se tomaron decisiones que nos obligaron a abandonar todos nuestros principios militares y de partido.«

Muchos oficiales de las Tropas Fronterizas expresaron su decepción al ver lo rápido que desaparecía la dirección política de la RDA »desaparecía de la superficie de la tierra«: »El 7 de octubre estaban convencidos de que el muro duraría cien años aunque ya en el 40 aniversario de la RDA se podían leer en las paredes de las casa que la población no quería. Y entonces de repente se abrió la frontera y aquellos para los que siempre habían vigilado, desaparecieron.«[48]

También era obvio que a pesar de las protestas del regimiento fronterizo 36, la moral era muy baja entre las Tropas Fronterizas durante las semanas y meses anteriores. Cada vez menos soldados y oficiales encontraban en la »seguridad eficaz de la frontera« algún sentido. En los regimientos fronterizos crecía la desilusión y la comandancia guardaba silencio.

El 10 de noviembre, »la noche de las noches« toda la ciudad de Berlín todavía estaba exaltada, el jefe del partido Krenz y el ministro de defensa Keßler ordenaron medidas preventivas. Se creó un »grupo operativo« que acumulaba información sobre la situación en la frontera abierta, que calculara la »posición del enemigo« e »hiciera propuestas a la dirección« para que tomara decisiones«. Pero todavía no estaba claro contra qué había que tomar decisiones para evitar algo. Se reconocía el esfuerzo de la dirección de la RDA por evitar que se dispersaran las diferentes instituciones de poder (el Partido, los Órganos del Estado, la Armada, las Tropas Fronterizas) y por hacerse de nuevo con la iniciativa. Por ello también se tomaron medidas de movilización pero sin planear en ningún momento el volver a tomar la frontera en manos militares. Más tarde, el secretario del ministro de defensa Fritz Streletz negaría con hincapié, entre otras cosas, que se hubiera pensado en tal posibilidad después del 9 de noviembre. Pero en la madrugada del 10 de noviembre se ordenó que estuvieran en alarma de combate a la primera división motorizada en Potsdam (alrededor de 10 000 hombres, 3 regimientos de tanques y un regimientos de cañones antiaéreos) y a la fuerza aérea 40 (600 hombres).

El total del comando fronterizo de Mitte (11 500 hombres) estaban en estado de alarma desde el 10 de noviembre a las 00:20 horas es decir, poco después de caer el muro. La dirección de la NVA tomó »medidas para fortalecer la seguridad fronteriza, el estado de alerta para el combate y la movilización si hubiera que defenderlas«[49], lo que incluía la orden de hacer uso de la munición, las armas y la defensa aérea. También el Ministerio de Seguridad del Estado estaba el 10 de noviembre en alarma roja y todos los miembros del ministerio »a causa de la situación, y hasta que se ordenara lo contrario tenían que estar dispuestos a entrar en su puesto.«[50]

Cerca de 30 000 hombres estaban en alarma de combate si contamos el primer regimiento, las fuerzas aéreas 40, los comandos fronterizos de Mitte y los miembros del ministerio que pertenecían al regimiento »Fleiks Dzierzynski« (11 400 hombres).

La historia de una hoja de papel

Los gobernantes de la RDA no habían visto otra posibilidad que la de liberalizar las normativas que permitieran viajar es decir, la apertura de la frontera ante la atmósfera explosiva reinante entre la población, las protestas de los lunes de Leipzig y la manifestación multitudinaria del 4 de noviembre en el Berlín Este. Pero tendría que realizarse con el control preciso, del régimen en un tiempo estipulado y bajo la soberanía de la RDA. A todo esto se unía que Checoslovaquia presionaba enormemente a la dirección del SED, desde hacía semanas con una avalancha de personas que quería salir.

Después de discusiones acaloradas y confusas entre la dirección del partido y del estado, se le encaró al Ministerio de Seguridad del Estado que realizara un esbozo de ley para los viajes. El 7 de noviembre, el teniente general Gerhard Neibel, sustituto del jefe del Stasi Mielke, presentó en esbozo en el que se admitían los »viajes continuos« (es decir la posibilidad de emigrar) después de obtener una visa, para la que no era necesario »cumplir las condiciones necesarias hasta ahora … «.

En la mañana del 9 de noviembre se reunieron cuatro altos cargos, dos del Ministerio de la Seguridad del Estado, y dos del Ministerio del Interior para elaborar una nueva ley. Hay que hacer las cosas bien, así que se unieron »los viajes continuos« con los »viajes privados«. Con ello se evitaría que aquellos que solamente quisieran realizar un viaje de visita tuvieran que enfrentarse con más burocracia que aquellos que quisieran »emigrar«, lo que provocaría más descontento entre la población de la RDA. La única condición para poder viajar, era la de poseer un pasaporte, el cual solo estaba en manos de unos 4 millones de ciudadanos de un total de 17. Y así creían poder evitar una salida masiva de la RDA. El Ministerio de Seguridad del Estado selló el proyecto de ley hasta que se hiciera público el 10 de noviembre a las 4:00 horas.

Pero mientras tanto, la situación política era cada vez más tensa. La víspera del 8 de noviembre dimitió todo el politburó. La vieja guardia de Mielke, Hager, Axen, Stoph perdió su poder. A Honecker ya le había sustituído Egon Krenz como secretario general. Personajes como Schabowski y Kleiber ocupaban un primer plano.

El proyecto con la nueva reglamentación en cuestión de viajes privados o de emigración se presentó al recientemente formado politburó, Schabowski no estaba presente; Krenz le presionó alrededor de las 17:30 horas dado su nueva función de »portavoz del gobierno« para que anunciara la nueva regulación. Pero formalmente se trataba de una »proposición de ley« y no de una resolución del consejo de ministros, lo que Schabowski tampoco sabia. A las 18:00 horas se presentó ante los medios de comunicación y la historia siguió su curso.

El final de régimen fronterizo

Con la caída del muro el 9 de noviembre de 1989 la población de la RDA acabó »por propia iniciativa« con el régimen fronterizo. A la dirección del SED y a las Tropas Fronterizas no les quedó más alternativas que sacar conclusiones.

A los militares no les resultó fácil el acostumbrarse a la nueva situación. En la orden 101/89 del 21 de diciembre de 1989 del Ministerio de Defensa sobre los »que violan la frontera« se puede leer: »... Las personas que violen la frontera del estado ... tiene que ser detenidas.« Pero el uso de las armas de fuego está prohibido a no ser que la propia vida estuviera en peligro. En realidad, los militares sabían muy bien que ya había llegado la hora de terminar. »Hay que parar la construcción técnica y pionera de la frontera ... instalaciones de seguridad para la frontera ya no son necesarias, ni tampoco aquellas que perjudiquen la imagen de la RDA.« Al mismo tiempo, se retiró la orden

La frontera esta abierta. Los trabis y las personas en Bornholmer Brücke.

de disparar por completo. »La utilización de las armas de fuego, a excepción de casos en los que se ataque la vida de los miembros de las Tropas Fronterizas u otros ciudadanos de la RDA, está descartada.«[51]

Al llegar este momento, la realidad había reemplazado a la orden.

A comienzo de enero de 1990, el gobierno de la RDA bajo la dirección de Hans Modrow había reducido las Tropas Fronterizas en un 50% a unos 25 000 hombres. Hasta mediados de 1990 se habían despedido a unos 100 oficiales y 12 000 soldados.

En vistas a la unión monetaria y social con la República Federal de Alemania que entró en vigor el 1 de julio de 1990, el nuevo ministro de armamento de la RDA y de Defensa Rainer Eppelmann (de la democracia cristiana CDU) ordenó que se suprimieran los controles fronterizos entre las dos Alemanias. El 30 de junio fue la última ver que fue necesario presentar el pasaporte cuando se quería viajar del Berlín Oeste a la zona del Berlín Este o sus alrededores. Dos semanas antes de que oficialmente se unificaran las dos Alemanias, el 21 de septiembre de 1990, el ministro en funciones Reiner Eppelmann ordenó que desaparecieran las Tropas Fronterizas. En este momento acababa un capítulo de la historia de la Alemania de posguerra.

Paso fronterizo improvisado en La Puerta de Brandenburgo. En marzo de 1990 todavía se controlaban los pasaportes.

LA DESAPARICION DEL MURO

Los defensores del muro y otros procesos

El 20 de enero de 1992 la Audiencia Provincial de Berlín anunció el veredicto del primer »proceso de los defensores del muro«. Cuatro soldados fronterizos habían sido acusados de disparar en febrero de 1989 al joven Chris Gueffroy de 20 años de edad. Ingo H., fue condenado a tres años y medio de cárcel sin posibilidad de libertad condicional, otro de los acusados a 16 meses de cárcel. Más tarde, en un proceso de revisión la condena de Ingo H. se redujo a una pena de libertad condicional. A los otros dos acusados se les consideró inocentes. En las salas del Juzgado el público estaba impaciente, la mayoría consideraban que las penas eran muy bajas y exteriorizaban su enfado.

Más de 900 personas habían muerto en el muro y a lo largo de la frontera, y más de 850 fueron heridos, en 230 casos se podía probar que habían muerto en el muro de Berlín. Muchos fueron heridos, o condenados a largas penas de cárcel que dejó mella en sus vidas para siempre. Había responsables de todo este sufrimiento. Pero ¿quién era el responsable? ¿De qué manera se habían convertido en culpables? La historia del muro no había acabado el 9 de noviembre de 1989.

Después de 1990, la justicia alemana se encontró con la difícil tarea de presentar y juzgar la culpabilidad de cada uno de los acusados, de los soldados fronterizos que habían disparado. ¿Eran los »defensores del muro« que habían actuado cumpliendo órdenes los »verdaderos« culpables? ¿ Y los políticos y militares que tenían el poder y daban las órdenes? Además tenía que respetarse un principio jurídico: No es posible dictar condena si no hay ley. Solamente lo que había sido criminal después de la RDA, podría castigarse.

En Berlín se realizaron hasta mediados de 1999 unos 70 juicios por los disparos en el muro, también a los soldados que dispararon a Peter Fechter y a Günter Litfin, las primeras víctimas. Los primeros que fueron juzgados fueron los »defensores del muro«. La acusación era por »intento de homicidio o de asesinato consumado«. La mayoría de las condenas eran de libertad condicional de uno a dos años y ya que normalmente se trataba de »homicidio sin premeditación y alevosía«. Después de 1990 se procesaron más de 3 000 delitos de violencia en el muro y en la frontera alemana. Únicamente en 200 casos se llegó a un procesamiento.

En noviembre de 1992 comenzó el primer proceso en contra de políticos de la RDA. Contra Erich Honecker, presidente del estado, Erich Mielke, jefe del Stasi, Willi Stoph ministro presidente, y también en contra de Heinz Keßler anterior ministro de defensa y su vicepresidente Fritz Streletz, sin excepción todos los miembros del consejo de defensa de la RDA tenían que responder de los tiros en el muro y en la frontera. Se trataba de un proceso largo y costoso, por razones de salud se suspendieron los juicios en contra de los tres acusados Honecker, Stoph y Mielke. En septiembre de 1993 la Audiencia Provincial dictó sentencia en contra de Keßler, Streletz y Albrecht: penas de cárcel entre cinco y siete años. El tribunal no consideraba a los acusados como »provocadores« sino a causa de su posición de poder como »hacedores«.

Los acusados tenían sus argumentos, la frontera de la RDA era una zona militar y por lo tanto no podían ser juzgados según sus leyes. Pero no sirvió de nada. La Corte

Federal de Justicia recalcó en 1996 al denegar la revisión que ésta no es posible cuando el estado descarta la culpabilidad de »actos criminales ... y abusa de los derechos humanos reconocidos por la comunidad de las naciones«.[52]

También el jefe de las Fuerzas Fronterizas de la RDA, Klaus-Dieter Baumgarten y cinco comandantes mayores tuvieron que rendir cuentas ante el juzgado. En septiembre de 1996 se condenó a Baumgarten por homicidio a seis años de prisión, a su sustituto por colaboración a tres años y tres meses. En marzo del 2000 fue indultado.

En abril de 1999 se juzgaron a cuatro comandantes jefes de los comandos fronterizos de Mitte por colaboración de homicidio a penas de libertad condicional. Otro jefe de los comandos fronterizos de Mitte, que tenía el muro a su cargo fue juzgado en agosto de 1999 a dos años y medio de prisión.

Los miembros del último politburó del SED tampoco pudieron librarse de la justicia, que los consideraba responsables directos en las muertes del muro. En agosto de 1997 se juzgó por homicidio en seis casos (por tazones procesales se limitaron a esta cifra) a Egon Krenz a cumplir una pena de seis años y medio de cárcel (el juzgado de la Unión Europea, al que presentó una apelación, ratificó en 2001 la condena), y a Günter Schabowski y Günther Kleiber a tres años. El único que reconoció su culpabilidad moral durante el juicio fue Schabowski.

También levantó sensación un proceso del muro que comenzó en diciembre de 1998 en la Audiencia Provincial de Berlín. Se juzgaban los disparos que se produjeron en el muro de Berlín, pero en este caso la víctima fue un soldado de la RDA. Rudolf M. de 61 años de edad tuvo que presentarse ante el tribunal después de 36 años por la muerte a disparos del puesto fronterizo Reinhold Huhn cerca del Checkpoint Charlie en junio de 1962. En abril de 1999 se condenó a M. a un año en libertad condicional.

El derribo y el aprovechamiento

En junio de 1990, un espléndido día de cielo azúl, en el hotel »Metropole Palace«, no muy alejado del famoso casino de Montecarlo se habían reunido un ilustre público de fuerte poder adquisitivo para asistir a un acontecimiento especial: Se subasta el muro de Berlín. Esa tarde en Mónaco se subastaron 81 segmentos pintados del muro fronterizo, la puja mínima era de 50 000 francos.

Jaguba Rizolli, la adinerada mujer de un editor italiano adquirió para el jardín de su villa un segmento del muro por 27 000 marcos alemanes – precio de producción 359 marcos. Un empresario de Zurich pagó un millón de francos por once pedazos del muro – un buen precio por trozos de hormigón pintado, en los papeles de transporte se declaraban como »escombros«. En total se pujó en esta subasta 1,8 millones de marcos que según el organizador, una empresa seria llamada »Lelé Berlín Wall Verkaufs GmbH«, irían a parar para reformar la seguridad social de la ex RDA.

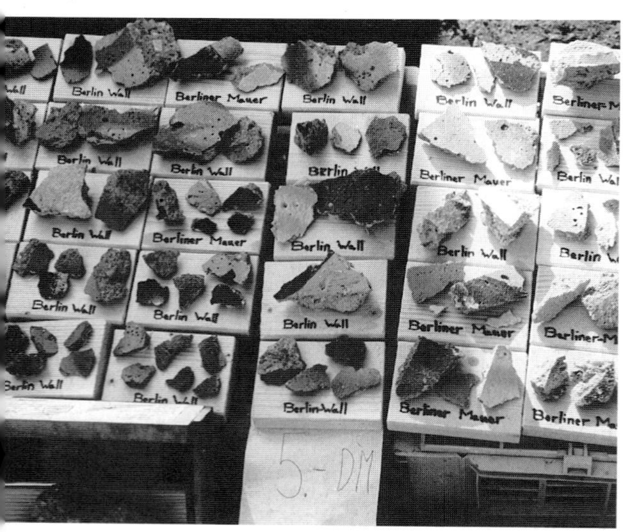

Durante meses, los trozos del muro eran piezas muy buscadas por los turistas en la ciudad.

A partir de enero de 1990, los segmentos del muro se reparten por todo el mundo, sobre todo entre coleccionistas o entre aquellas personalidades que ayudaron a que cayera. Así el presidente americano Ronald Reagan y George Busch recibieron un pedazo así como también la Biblioteca John-F.-Kennedy en Boston y la CIA que lo colocó en su cuartel general.

»El muro tiene que desaparecer« era el lema durante años en la lucha en contra de la división de la ciudad, el 9 de noviembre llegó la hora de que se cumpliera. A comienzos de 1990 decidió el consejo de ministros de la RDA y la administración pública del Berlín Este que el muro se derribara.

En Berlín y alrededores se retiraron un total de 106 kilómetros de muro de hormigón. Unos 45 000 segmentos de 2,75 toneladas por pieza; a esto se unieron 127,5 kilómetros se vallas de señalización y de demarcación y 302 torres de observación.

El 30 de noviembre de 1990 se derribó oficialmente en la calle Provinzstraße del barrio de Wedding el último pedazo que quedaba del muro en el interior de la ciudad, que había alcanzado una longitud de 32,4 kilómetros contando también las instalaciones de bloqueo.

Después de 29 años existía una nueva sensación: Berlín sin muro.

La mayor parte del muro se utilizó para algo útil. Se manejó mucho dinero y mucho hormigón para repartir el muro entre la gente. Primero grupos de »pájaros carpinteros del muro« vendieron sus trozos a los turistas e hicieron con ello un buen negocio. Pero la mayoría de los segmentos del muro se desmenuzaron y se vendieron a 20 marcos la tonelada para la construcción de carreteras en el este.

La disputa sobre el recuerdo

Los turistas perdidos en Berlín se preguntan en la Potsdamer Platz o en la Kochstraße pero ¿por donde pasaba realmente el muro?

La supresión de los controles fronterizos y el muro fue un acto de liberación exterior e interior. Allí donde se derribara otro trozo del muro después del 9 de noviembre había personas que lo celebraban, pero pronto se levantaron protestas por la perfección con la que el muro se retiraba de las calles de Berlín. Se produjo una intensa discusión sobre cómo podría quedar el muro en el recuerdo de la gente, un lugar conmemorativo para las víctimas y las próximas generaciones.

Hay intentos de que la memoria se mantenga viva. En la Bernauer Straße se creó un muro conmemorativo y un centro de documentación. En la casa en el Checkpoint Charlie se mantuvo el punto de control antiguo, en el que en octubre de 1961 los tanque soviéticos y los americanos estaban frente a frente, las edificaciones entre ellas una torre

Derribo de segmentos del muro en noviembre de 1990.

de observación. La trayectoria del muro se señaliza en unos 7,5 kilómetros de largo con una línea de adoquines.

En pocos puntos de Berlín se dejaron trozos del muro en pié: en la Niederkirchersstraße, en la Mühlenstraße en Friedrichshain (»East Side Gallery«), en la Bernauer Straße y en la Potsdamer Platz. A pesar de numerosas protestas, en abril de 1999 el Senado derribó en la Potsdamenr Platz los restos que quedaron del »muro posterior«.

A Berlín le cuesta recordar.

Recordar, ¿pero cómo? Protestas en abril de 1999 para evitar que se derribaran los restos del muro posterior que quedaban en la Potsdamer Platz.

CRONOLOGIA

1944 12 de septiembre
En el acta de Londres, USA, Inglaterra y la Unión Soviética deciden partir Alemania y Berlín en tres (más tarde cuatro) zonas de ocupación o sectores

1945 8 de mayo
Capitulación sin condiciones de la Alemania Nazi.

1946 4 de diciembre
La administración militar soviética (SMAD) decreta la línea de demarcación de la zona de ocupación soviética.

1952 26 de mayo
La RDA cierra la línea de demarcación con el República Federal de Alemania y el Berlín Oeste.

1958 27 de noviembre
Ultimátum de Chruschtschow: La Unión Soviética exige para el Berlín Oeste el estado de una »ciudad libre«.

1961 15 de junio
Ulbricht declara a la prensa en el Berlín Este: »Nadie tiene la intención de construir un muro.«

1961 13 de agosto
Cierre de los sectores fronterizos al Berlín Oeste.

1961 15 de agosto
Edificación del primer tramo del muro.

1961 19 de agosto
1500 soldados americanos se estacionan en el Berlín Oeste.

1961 23 de agosto
De 12 pasos fronterizosa en Berlín, se cierran otros tres. No se puede pasar al Berlín Oeste desde el este.

1961 24 de agosto
Un hombre de 24 años es disparado por los puestos fronterizos en Humboldt-Hafen. Es el primer muerto en el muro de Berlín.

1961 12 septiembre
Formación de las »Tropas fronterizas de la RDA« como parte de la NVA.

1961 27 de octubre
Confrontación entre tanques americanos y soviéticos en el Checkpoint Charlie.

1962
Creación de los primeros caminos para los perros de vigilancia.

1962 18 de junio
El soldado fronterizo de la RDA Reinhold Huhn, es disparado por uno de los ayudan a huir.

1962 19 de junio
Las Tropas Fronterizas comienzan con la edificación de un segundo muro.

1962 17 de agosto
Peter Fechter es disparado durante un intento de huida y se desangra en la frontera.

1963 21 de junio
Declaración de una zona fronteriza del Berlín Oeste que solamente es posible pasar con un permiso especial

1963 26 de junio
Visita al Berlín Oeste del presidente americano John F. Kennedy

1963 19 de diciembre
Entra en vigor el primer acuerdo de paso de la frontera; dura hasta el 5 de enero de 1964

1964 diciembre
Segunda regulación de paso de la frontera

1965 18 de diciembre
Tercera regulación de paso de la frontera, duración hasta el 2 de enero de 1966

1966
Colocación de la primera torre de observación (BA 9 u 11)

1966 7 de abril (hasta el 20) y 23 de mayo (hasta el 5 de junio)
Cuarta regulación de paso de la frontera

1966 octubre
Acuerdo de la creación de un paso fronterizo para los casos familiares urgentes.

1966 diciembre
Fracaso de otros acuerdos para posteriores regulaciones de paso fronterizo

1968
Construcción del muro de la »tercera generación« (placas de hormigón con tubos)

1971
Comienzo de la colocación de »vallas fronterizas« de alambres de pinchos.

1971 **31 de enero**
Después de 19 años de interrupción se tiende la comunicación telefónica entre ambas partes de la ciudad.

1971 **febrero**
Reestructuración de las Tropas Fronterizas Nord, Mitte, Süd y las Brigadas Fronterizas de la costa.

1971 **3 de mayo**
Honecker sucede a Ulbricht como jefe del SED

1971 **3 de septiembre**
Firma del acuerdo de las cuatro potencias sobre Berlín

1971 **17 de diciembre**
Firma del acuerdo de tránsito entre la República Federal y la RDA

1971 **20 de diciembre**
Firma de un acuerdo entre el Senado y el gobierno de la RDA para la facilitación y la mejora de el permiso de viaje y visita.

1972 **3 de junio**
Entra en vigor el acuerdo de las cuatro potencias

1972 **21 de diciembre**
Firma de un contrato fundamental entre la RDA y la República Federal

1974 **1 de enero**
Las Tropas Fronterizas se separan oficialmente de la asociación de la Armada Nacional.

1974
se construye el »muro posterior« y una »valla fronteriza 74« posterior

1975
Instalación de las primeras torres de observación BT 9 u 11 de construcción cuadrada

1975 **29 de octubre**
Convenio entre el Senado y el Berlín Oeste sobre las acciones de salvamento en caso de accidente en la frontera. Dos niños se habían ahogado en el río Spree. Los puestos fronterizos habían impedido la ayuda del oeste y habían llegado demasiado tarde al lugar del accidente.

1976
Construcción de la primera parte del »muro fronterizo 75« (muro de la cuarta generación)

1977 **7 de octubre**
En Alexander Platz en el Berlín Este se producen fuertes enfrentamientos entre la Policía Popular y jóvenes. Tres de ellos mueren, la masa exige: »¡el muro tiene que desaparecer!«

1980 **13 de octubre**
Se sube a 25 marcos la cantidad de dinero a cambiar obligatoria para visitar el Berlín Este y el número de visitantes disminuye drásticamente.

1981 **20 de noviembre**
Apertura del canal de Treptow para barcos mercantes

1982 **25 de marzo**
La Cámara Popular de la Armada de la RDA aprueba una nueva ley fronteriza

1983 **1 de julio**
El consejo de la RDA toma la resolución de construir en la frontera otras instalaciones »técnicamente innovadoras«

1984
establecimiento de una señal y valla fronteriza en la »frontera posterior«

1987 **8 de junio**
Durante un concierto de Rock en el Reichstag se producen enfrentamientos en La Puerta de Brandenburgo entre jóvenes y policías.

1989 **19 de enero**
Honecker declara en Berlín Este que »el muro duraría todavía 50 o 100 años« si no cambiaban las condiciones que llevaron a construirlo

1989 **5 de febrero**
El joven de 20 años Chris Gueffroy será disparado mientras intenta huir. Él es la última víctima que muere en el muro.

1989 **8 de abril**
En el paso fronterizo de la Chauseestraße se frena el intento de huida de dos jóvenes con disparos, y son los últimos que se realizan en el muro.

1989 **4 de noviembre**
Gran manifestación en el Berlín Este en contra del gobierno del SED

1989 **9 de noviembre**
Apertura del muro

1990 **30 de junio**
Desaparecen los controles fronterizos

1990 **21 de septiembre**
Disolución de las Tropas Fronterizas de la RDA

ÍNDICE DE NOTAS

1 Ver Petschull, Jürgen, Die Mauer, Hamburg 1990, pg. 51
2 Orden 01/61 12.8.1961 cita Riemer, Rudolf, Das zweigeteilte Deutschland 1961–1962, München 1995, pag. 119
3 Cita Beschloss, Michael, Powergame. Kennedy und Chruschtschow. Die Krisenjahre 1960–1963, Düsseldorf 1991, pag. 281
4 Brandt, Willy, Erinnerungen, Berlin 1989
5 Edward R. Murrow, cita Beschloss, Powergame, pag. 279
6 Schlesinger, Klaus, Am Ende der Jugend, ennn Berliner Traum, Rostock 1977, pag. 116
7 SAPMO-B archivo DY30/IV/2/15287 y el archivo del Berliner Mauer-Archiv
8 Archivo de información del Berliner Mauer-Archiv
9 SAPMO-BArchivo Dy 30 J IV 2/2/2 784
10 Policía de Transportes/sección Berlín, Archivo Berliner Mauer
11 Cita. Koop, Den Gegner vernichten. Die Grenzsicherung der DDR, Bonn 1996, pag. 178
12 de Bruyn, Günter, Vierzig Jahre. Ein Lebensbericht, Frankfurt a. M. 2 1996, pag. 109
13 Orden 101/69, ver Koop, Gegner, pag. 260
14 Orden 101/71 ibid, pag. 263
15 Rundschreiben an SED-Kreisleitung, 28.10.1971, pag. 2 (Berliner Mauer Archiv)
16 Cita Scholze, Thomas/Blask, Falk, Halt! Grenzgebiet!, Berlin 1992, pag. 183/199
17 LAB, C Rep. 736, Nr. 70; zu Fluchtversuchen ver Hildebrandt, Rainer, Es geschah an der Mauer; Berlin 1992
18 Orden 101/61 y 101/62 BA-MA VA-01/5003
19 Handbuch für Grenzsoldaten, Berlin 1965, pag. 41
20 Cita Karau, Gisela, Grenzerprotokolle, Frankfurt/M. 1992, pag. 25
21 Cita Koop, Volker, Ausgegrenzt. Der Fall der DDR-Grenztruppen, Berlín 1993, pag. 118
22 Vorlage des Stadtkommandanten, Februar 1965 (Berliner Mauer Archiv)
23 Cita Knobloch,Heinz u. a., Geisterbahnhöfe, Berlin 1994, pag. 77
24 Cita Karau, Gisela, Grenzerprotokolle, pag. 33
25 Ver Rathje, Wolfgang, Der Ausbau der Berliner Mauer 1975–1989; Christian-Albrecht-Universität Kiel, pag. 20
26 Konzeption ... für den weiteren Ausbau der Staatsgrenze der DDR, 5.8.82 (Berliner Mauer Archiv)
27 Ver, Wenzel,Otto, Kriegsbereit: Der nationale Verteidigungsrat der DDR 1960 bis 1989, Köln 1995, pag. 71
28 Schreiben des Grenzkommandos Mitte, Juni 1971, Bl. 1, (Berliner Mauer Archiv); Politische Verwaltung der Grenztruppen der DDR, Die Staatgrenze unserer Republik ist unantasbar, o. O. 1982, pag. 43
29 Übersicht versuchte und erfolgte Grenzdurchbrüche (1.12.1974–30.11.1979) (Berliner Mauer Archiv)
30 LAB, C Rep. 736, nr. 70
31 LAB, C Rep. 736, nr. 69
32 Cita Koop, Ausgegrenzt, pag. 114
33 Handbuch für Grenzsoldaten, pag. 55
34 Ver Geschke, Heinz u. a., Die Sicherung der Staatsgrenze der DDR als gesamtgesellschaftliches System, en: Vom Mauerbau zum Mauerfall, H5, Potsdam 1998, Pg. 52
35 Reunión de servicio extraordinaria, 23.8.1988, BA-MA GTÜ AZN 16629
36 Escrito del teniente mayor Ganßauge, octubre de 1981, LAB, C Rep. 736, nr. 12
37 Frankfurter Allgemeine Zeitung, 20.1.1989
38 Kommando der Grenztruppen, »Thesen zum Thema Tendenzen der Entwicklung neuer Grenzsicherungsanlagen ... «, BA-MA GTÜ AZN 17791
39 Cita Rathje, Ausbau, pag. 143
40 Informe de investigación »Seismische Meldungsgebersysteme«, 31.1.1985 BA-MA GTÜ AZN 17779
41 Cita Rathje, pag. 115
42 Ver »Vorschlag des Chefs Technik und Bewaffnung der Grenztruppen«, 30.12.1988, BA-MA GTÜ AZN 17791
43 Ministerio de la Defensa Nacional, junio 1988, BA-MA GTÜ AZN 17791
44 Ver Hertle, Hans-Hermann, Chronik des Mauersfalls, Berlín 1996, pag. 145
45 Ver Hertle, Hans-Hermann, Der Fall der Mauer, Opladen 1996, pag. 187
46 Neue Berliner Ilustrierte 8/1990, pag. 4
47 Cita Hertle, Chronik, pag. 14
48 Cita Hertle, Fall der Mauer, pag. 230
49 Cita Karau, Grenzerprotokolle, pag. 21
50 Ver Hertle, Fall der Mauer, pag. 256
51 Orden 101/89 en la versión del 21.12.1989, BA-MA GTÜ AZN 17239
52 Ver Grafe, Roman, en: Süddeutsche Zeitung, 3./4.5.1997

Archivos utilizados

Bundesarchiv, Außenstelle Dahlwitz-Hoppengarten
Bundesarchiv, Stiftung Archiv der Parteien und Massenorganisationen der DDR (SAPMO), Berlin
Landesarchiv Berlin
Mauer-Archiv von Hagen Koch, Berlin

Índice de ilustraciones

Berliner Mauer Archiv 7, 17, 18, 22(3), 24, 35, 39, 43, 47, 48/49(4), 50, 51, 52, 53, 57, 60, 62, 63
Dieter Breitenborn Berlin 5, 11, 37(2), 72, 74
Bundesarchiv Koblenz 16
Ch. Links verlag, Berlin 28, 40, 68, 75
Landesarchiv Berlin 10, 12, 19, 44
Klaus Lehnartz, Berlin 4, 14, 20, 21, 27, 31, 33, 45
Michael Reimer, Berlin 42
Andreas Schoelzel, Berlin 67, 71
Ullsteinert, Berlin 76
Ullstein Bilderdienst 15 (Foto:Peter Leibing), 32
Zeitungsarchiv FU Berlin 9

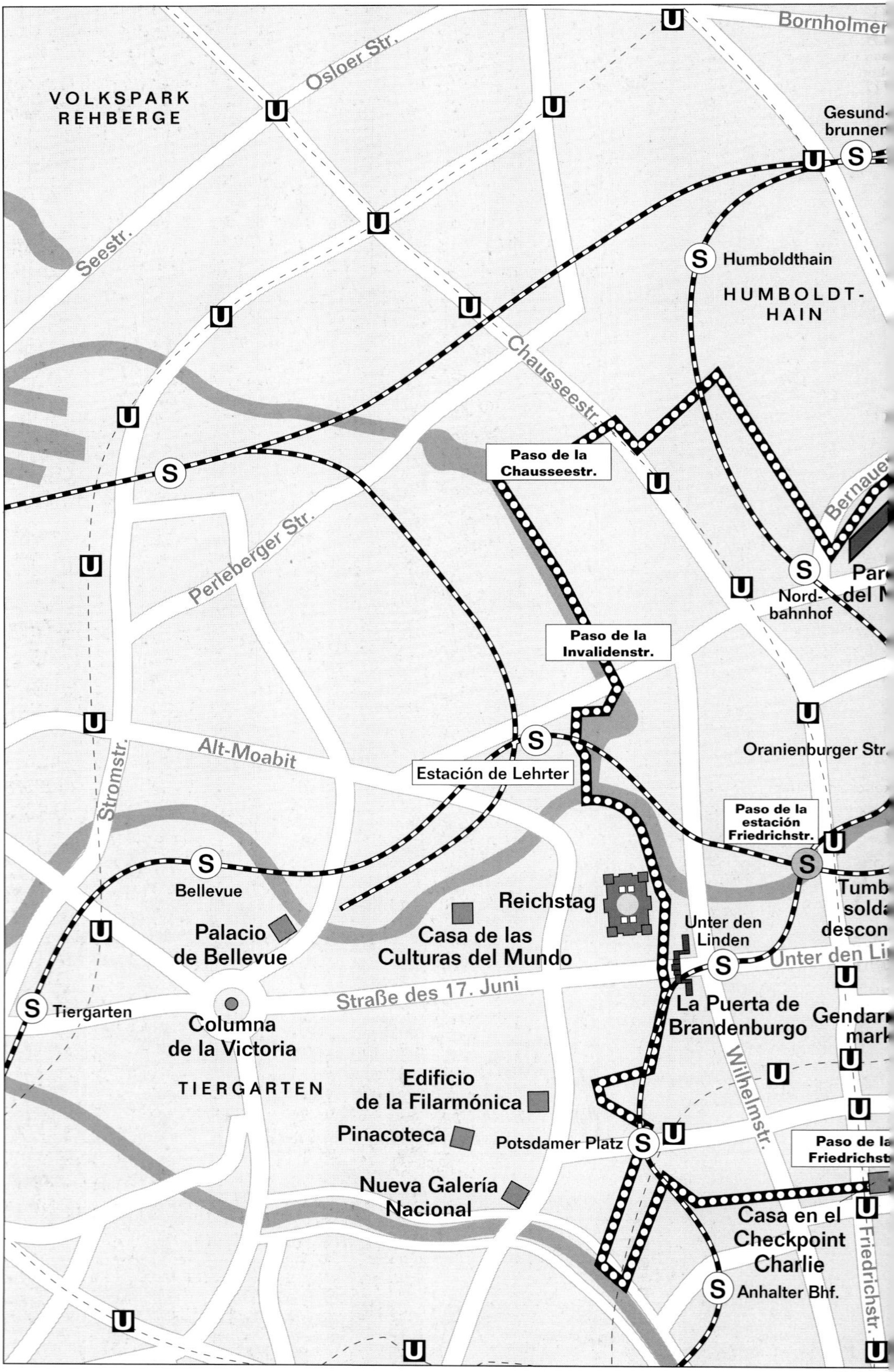
VOLKSPARK
REHBERGE
Osloer Str.
Bornholmer
Gesund-
brunnen
Seestr.
Humboldthain
HUMBOLDT-
HAIN
Chausseestr.
Paso de la
Chausseestr.
Perleberger Str.
Bernauer
Nord-
bahnhof
Paso de la
Invalidenstr.
Oranienburger Str.
Alt-Moabit
Estación de Lehrter
Stromstr.
Paso de la
estación
Friedrichstr.
Bellevue
Reichstag
Palacio
de Bellevue
Casa de las
Culturas del Mundo
Unter den
Linden
Unter den Li
S Tiergarten
Straße des 17. Juni
Columna
de la Victoria
La Puerta de
Brandenburgo
TIERGARTEN
Edificio
de la Filarmónica
Wilhelmstr.
Pinacoteca
Potsdamer Platz
Paso de la
Nueva Galería
Nacional
Casa en el
Checkpoint
Charlie
Anhalter Bhf.
Friedrichstr.